Marion Auer

BRUCHRECHNUNG endlich verstehen

MIT DER LAPBOOK-METHODE

Kopierfertige Vorlagen für die Klassen 5/6

Verlag an der Ruhr

Impressum

Titel
Bruchrechnung endlich verstehen mit der Lapbook-Methode
Kopierfertige Vorlagen für die Klassen 5/6

Autorin
Marion Auer

Umschlagmotive
© Verlag an der Ruhr

Illustrationen
© Marion Auer

Lapbook-Vorlagen und Lapbook-Fotos
© Verlag an der Ruhr

Druck
Heenemann GmbH & Co. KG, Berlin, DE

Verlag an der Ruhr
Mülheim an der Ruhr
www.verlagruhr.de

Geeignet für die Klassen 5–6

ISBN 978-3-8346-4440-4

Inhaltsverzeichnis

Methodische und didaktische Hinweise

Was versteht man unter einem Lapbook?

Ein Lapbook ist eine Art Portfoliomappe, in der die Schüler*innen[1] ihre individuellen Lern- und Arbeitsergebnisse zu einem (vorgegebenen) Thema zusammentragen und dokumentieren. Bestandteil eines Labooks sind viele unterschiedliche Falt- und Klappbücher, die in das Lapbook geklebt oder geheftet werden und in denen die Lernergebnisse gebündelt und anschaulich präsentiert werden. Durch diese Präsentationsform werden Interesse und Neugier der Leser*innen geweckt. Die Schüler*innen profitieren von der Anschaulichkeit der Lapbooks, weil diese den Lernstoff portionieren und zu strukturieren helfen. Zusätzlich motivierend ist, dass die Schüler*innen während der Beschäftigung mit einem Thema die Falt- und Klappbücher selbst erstellen und/oder erweitern müssen, wodurch sie ihrem Lapbook seine besondere Individualität verleihen. Bei den Erweiterungen kann es sich – je nach Thema – z. B. um Zeichnungen, Diagramme, Steckbriefe, Grafiken oder sogar Landkarten handeln.

Zur Erstellung eines Lapbooks werden die bearbeiteten Falt- und Klappbücher auf einem (farbigen) Tonkarton nach und nach arrangiert und befestigt. Zumeist wird hierfür ein DIN-A3-großer, farbiger Tonkarton auf die Größe DIN A4 gefaltet. Auf diese Weise entsteht ein großes Buch mit vielen kleinen Büchern, welche die Inhalte anschaulich transportieren und bündeln. Das fertige Lapbook kann in einer Klarsichthülle transportiert werden, was einen großen Vorteil gegenüber einem unhandlichen Plakat darstellt.

[1] Der Verlag an der Ruhr legt großen Wert auf eine geschlechtergerechte und inklusive Sprache. Daher nutzen wir das Gendersternchen, um sowohl männliche und weibliche als auch nichtbinäre Geschlechtsidentitäten einzuschließen. Alternativ verwenden wir neutrale Formulierungen. In Texten für Schüler*innen finden sich aus didaktischen Gründen neutrale Begriffe bzw. Doppelformen.

Ursprung der Lapbooks

Der Begriff „Lapbook" stammt aus dem Englischen. Die entstandene Mappe hat auf dem Schoß (engl. „lap") der Schüler*innen Platz. Daher leitet sich der Begriff ab. Lapbooks entstanden in der amerikanischen Homeschool-Bewegung und stellen für Schüler*innen eine besonders anspornende Möglichkeit dar, ihr Wissen zu überprüfen, zu dokumentieren und zu präsentieren.

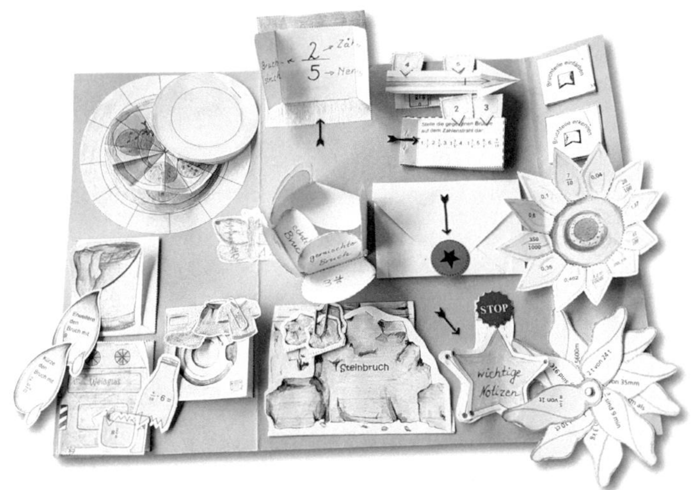

Vorteile von Lapbooks

➲ Hohe Motivation
Die Motivation der Schüler*innen liegt bei dieser Methode besonders hoch, da sie durch die Kombination aus Lernen und Kreativität die Möglichkeit bekommen, etwas Einzigartiges und Individuelles zu gestalten.

➲ Inklusiver Unterricht
Da die Falt- und Klappbücher individuell bearbeitet werden, eignen sich Lapbooks auch für den inklusiven Unterricht. Die Erstellung kann in Einzel-, Partner oder Gruppenarbeit erfolgen und die Hilfestellung seitens der Lehrkraft kann individuell dosiert werden.

➲ Vertiefendes Arbeiten
Durch das selbständige Arbeiten setzen sich die Schüler*innen intensiv und vertiefend mit einem Thema auseinander.

➲ Differenzierter und individueller Zugang
Lapbooks ermöglichen einen differenzierten und individuellen Zugang zu verschiedensten Themen mit unterschiedlichen Schwierigkeitsgraden, welche durch Impulse und Aufgabenstellungen variiert werden können.

➲ Neugier weckend
Lapbooks machen Lust auf die Inhalte. Die interaktive Präsentation weckt die Neugier des Betrachters bzw. der Betrachterin und motiviert zum Weiterlesen.

➲ Flexibler Einsatz
Durch den vielschichtigen Einsatz eines Lapbooks kann die Gestaltung in verschiedenen Unterrichtsphasen vorgenommen werden. Problemlos lässt sich das Lapbook für selbstständiges Arbeiten im offenen Unterricht einsetzen, so wie im lehrerzentrierten Unterricht zur Ergebnissicherung.

➲ Lernen und Wiederholen
Das Lapbook eignet sich ideal zum Lernen und Wiederholen von Inhalten. Die Schüler*innen können ihr Wissen durch Auflegen, Öffnen oder Umklappen der Faltbücher eigenständig kontrollieren.

➲ Strukturierend
In einem Lapbook werden viele Informationen auf relativ „kleinem" Platz untergebracht. Dadurch wird der Lerninhalt übersichtlich strukturiert. Im Gegensatz zu einem herkömmlichen Plakat passt das Lapbook nach dem Falten auf DIN-A4-Größe problemlos in jeden Hefter und ist somit auch praktisch.

Einsatz im Unterricht

1. Unterrichtsbegleitend

Bei dieser Variante gestalten die Schüler*innen das Lapbook *während* der Unterrichtseinheit parallel zum gesamten Lernprozess.

Hier bieten sich folgende Methoden an:

- Im **lehrerzentrierten Unterricht** werden nach der gemeinsamen Erarbeitung Klapp- und Faltbücher gestaltet, um das Gelernte zu üben und zu festigen. Die Lehrperson sollte hier als Coach*in fungieren.
- In einem **Stationenbetrieb** werden die Inhalte durch die Schüler*innen selbstständig bearbeitet und die Faltbücher gestaltet. Jede Station sollte dazu nicht mehr als ein Faltbuch anbieten.
- Im **Offenen Unterricht** gestalten die Schüler*innen die Faltbücher in ihrem individuellen Tempo. Hier bietet sich ein Wochenplan an, auf dem die zu bewältigenden Aufgaben notiert sind.

2. Zum Abschluss einer Unterrichtseinheit

Die Schüler*innen gestalten ihr Lapbook erst *nach* der gemeinsamen Erarbeitung eines Themas. Hier kann man das Lapbook als Zusammenfassung betrachten und das Unterrichtsthema z. B. mit einem Stationenbetrieb, in dem die Lapbooks erstellt werden, abschließen.

3. Zur Wiederholung

Ein Lapbook kann zur Auffrischung und Wiederholung eines Themas (z. B. in einer höheren Klasse) angeboten werden. Die Schüler*innen rufen ihr Wissen zum Thema ab und können bei Bedarf nachlernen.

Einführung in den Unterricht

1. Präsentation fertiger Lapbooks

Zur Einführung der Methode bietet es sich an, den Schüler*innen vorab mindestens ein fertiges Lapbook zu zeigen. Gerne kann es auch durchgegeben werden, damit die Schüler*innen es eigenständig entdecken und durchsuchen können. Wenn Sie keine Möglichkeit haben, ein eigenes Lapbook zu erstellen, können Sie auch auf Exemplare von Vorgängerklassen zurückgreifen. Sollte auch dies nicht möglich sein, kann auch ein Foto eines Lapbooks und der Falt- und Klappbücher einen ersten Eindruck vermitteln.

2. Bekanntgabe der Ziele

Informieren Sie die Schüler*innen, dass Sie gemeinsam ein Lapbook erarbeiten werden. Hierbei sollte auch die Vorgehensweise besprochen sowie der Zeitrahmen vorgegeben werden. Wichtig ist auch der Hinweis auf die Beurteilung der Leistung.

3. Leistungseinschätzung

Um den Schüler*innen eine Rückmeldung zu ihrer Arbeit *mit* dem und *an* dem Lapbook zu geben, bietet sich eine prozess- und ergebnisorientierte Leistungseinschätzung an. Hierbei können Sie auf Folgendes eingehen:

- Gestaltung des Lapbooks (Sorgfalt bei der Erstellung, Vollständigkeit der Einträge, eigener kreativer Anteil etc.)
- Arbeitsverhalten (Grad der Selbstständigkeit bei der Bearbeitung der Aufgaben und Vorlagen, Eigeninitiative beim Arbeiten, eigenständige Beschaffung von Informationen, ggf. Bearbeitung zusätzlicher Aufgaben etc.)
- inhaltliche Ausarbeitung (Richtigkeit der Aufgaben, Finden eigener Aufgaben etc.)

Die Schüler*innen können anhand des Reflexionsbogens auf S. 19 ihren Lernprozess reflektieren.

4. Gestaltung des Umschlags

Es ist ratsam, den Umschlag des Lapbooks mit den Schüler*innen gemeinsam zu falten. Lassen Sie die Schüler*innen einen Bogen DIN-A3-Tonkarton in ihrer Lieblingsfarbe mitbringen oder stellen Sie genügend Tonkarton in verschiedenen Farben zur Verfügung, damit sich alle eine Farbe aussuchen können. Lassen Sie die Schüler*innen zunächst die Vorlage für das Deckblatt (siehe S. 18) gemeinsam gestalten, die sie dann auf die Titelseite ihres Lapbooks kleben. Ab dann kann die weitere Arbeit mit und an den Falt- und Klappbüchern eigenständig verlaufen.

5. Selbstständiges Arbeiten mit den Vorlagen

Je nach gewählter Vorgehensweise (siehe S. 5) erarbeiten und gestalten die Schüler*innen im weiteren Verlauf der Unterrichtseinheit/-reihe ihre Falt- und Klappbücher und kleben diese in ihr Lapbook ein.

6. Präsentation und Abschluss

Sind die Lapbooks fertig, bietet es sich an, sie mit den Schüler*innen gemeinsam zu würdigen. Hier finden Sie einige Vorschläge dazu, wie und wann die Lapbooks begutachtet werden können:

- am Elternabend oder einer anderen Veranstaltung, bei der die Eltern anwesend sind
- in Form eines Lapbook-Museums (dazu werden die Lapbooks im Klassenzimmer ausgelegt und mit den Schüler*innen gemeinsam betrachtet und gewürdigt)
- Vorstellung durch die Schüler*innen selbst in Form einer kurzen Präsentation: *Was gefällt mir an meinem Lapbook besonders gut? Was würde ich beim nächsten Lapbook anders machen? Was hat mir besonderen Spaß bei der Erstellung gemacht?*

7. Weiterer Einsatz im Unterricht

Ein großer Vorteil von Lapbooks ist, dass sie sowohl während der Bearbeitung als auch im fertigen Zustand immer wieder zum Wiederholen des Themas dienen können.
Auf diese Weise können bereits 10 „übrig" gebliebene Minuten sinnvoll zum Üben genutzt werden. Durch die vielen einladenden Klappen und Dreh elemente können sich die Schüler*innen problemlos gegenseitig in Einzel- oder Partnerarbeit kontrol-

lieren. So können sich die Schüler*innen z. B. in einer offenen Unterrichtsphase gegenseitig abfragen oder Sie stellen den Schüler*innen vor dem eigentlichen Beginn der Stunde einige Minuten zum selbstständigen Schmökern im Lapbook zur Verfügung. Bevor Sie die Lapbooks jedoch zum Lernen und Üben verwenden lassen, sollten Sie diese auf Richtigkeit kontrollieren.

Tipp:
Um die Lapbooks immer griffbereit zu haben und sie vor Abnutzungen zu schützen, können die Schüler*innen diese in einer Klarsichthülle aufbewahren.

Benötigte Materialien

1. Faltvorlagen

In dem folgenden Buch finden Sie insgesamt 26 Vorlagen für Falt- und Klappbücher samt Faltanleitungen und Aufgabenstellungen zum Thema Bruchrechnung. Diese sind so konzipiert, dass die Schüler*innen selbstständig daran arbeiten können. Es bietet sich jedoch an, den Schüler*innen vorab fertig gestaltete Musterbeispiele der Vorlagen zu zeigen, um ihnen das Falten und Kleben zu erleichtern. Manche Anleitung versteht man besser, wenn man ein fertiges Beispiel dazu sieht. Hierzu können Sie z. B. die Übersicht auf S. 14/15 auf Plakatgröße kopieren und im Klassenraum aufhängen.

2. Zusatzmaterial

Zu Beginn erhalten alle einen farbigen Tonkarton in der Größe DIN A3. Dieser stellt die Grundlage des Lapbooks dar und wird auf die Größe von DIN A4 gefaltet.
Sollte der Umschlag im Laufe des Arbeitens am Thema zu wenig Platz bieten, kann er problemlos durch zusätzliche Klappen erweitert werden.

Tipp:
Für das Anbringen von Zusatzklappen eignen sich Malerkrepp oder Washi-Tape.

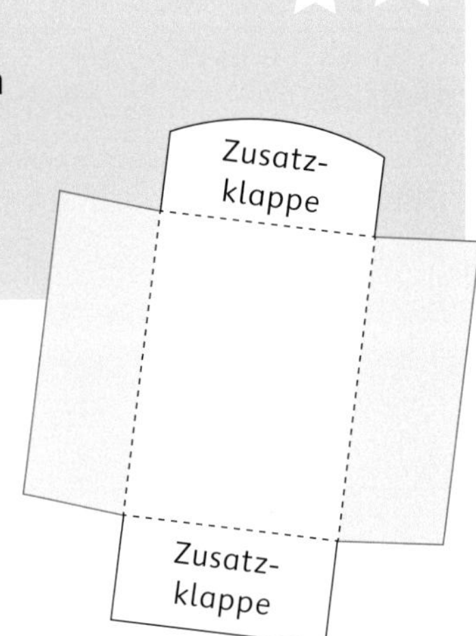

Für die Gestaltung der meisten Faltvorlagen benötigen die Schüler*innen Schere, Kleber sowie Schreib- und Buntstifte. Des Weiteren werden hin und wieder auch Musterbeutelklammern, Büroklammern, Schnüre und ein Heftgerät (Tacker) benötigt.
Für die inhaltliche Erarbeitung des Themas können die üblichen Unterrichtsmaterialien eingesetzt werden. Arbeitshefte, Karteikarten und Lehrbücher können die Schüler*innen bei Bedarf als Nachschlagewerke nutzen. Genauere Informationen zu den benötigten Materialien sowie zum Einsatz der Vorlagen finden Sie auf den Seiten 8–14 in der Gesamtübersicht.

Tipps:

Verwenden Sie etwas dickeres Kopierpapier für die Faltvorlagen. Das gewährleistet mehr Stabilität, wodurch die Schüler*innen länger Freude an ihrem Lapbook haben werden.

Teilen Sie Ihren Schüler*innen mit, dass sie die Faltvorlagen (insbesondere mithilfe von Musterbeutelklammern) nicht zu straff und fest im Lapbook befestigen sollten, damit sie im Gebrauch nicht einreißen (z. B. wenn Kärtchen aus ihren Vorrichtungen herausgeholt werden). Das passiert vor allem bei dünnerem Papier.

Übersicht der Kopiervorlagen

Allgemeine Vorlagen

Titel	Inhalt	Hinweise und Tipps zur Verwendung	benötigtes Zusatzmaterial
Abbildungen der fertigen Faltvorlagen → S. 14/15	Fotos der fertigen und gestalteten Faltvorlagen	• vergrößerte Kopien der Übersicht im Klassenzimmer aufhängen • als Handout für jede*n Schüler*in vorbereiten (vorab sollte feststehen, welche Faltvorlagen tatsächlich zum Einsatz kommen werden) • **Alternative:** fertige dreidimensionale Faltvorlagen auf ein Plakat kleben	–
Erklärung der Symbole → S. 16	Erklärung der auf den Kopiervorlagen verwendeten Symbole	• als Handout für jede*n Schüler*in vorbereiten • Aushang einer größeren Kopie im Klassenraum • gemeinsames Besprechen zu Beginn	–
Faltanleitung für den Lapbook-Umschlag → S. 17	illustrierte Faltanleitung zur Erstellung des Umschlags für das Lapbook	• als Handout für jede*n Schüler*in vorbereiten **Tipp:** Es bietet sich an, auf der Rückseite des Lapbooks eine Klarsichthülle zu befestigen. Hier können unfertige Arbeiten und Informationen aufbewahrt werden. • gemeinsames Falten des Umschlags	*pro Schüler*in:* • ein Bogen farbiger Tonkarton in DIN A3 (bei Bedarf mehr) • ein Bogen farbiges Papier in DIN A4 (bei Bedarf mehr) • Klarsichthülle • Klebeband
Die Titelseite → S. 18	Vorlage für die Gestaltung der Titelseite des Lapbook-Umschlags	• eine Kopie für jede*n Schüler*in vorbereiten • Eine fertig gestaltete Titelseite kann als Beispiel gezeigt werden. • Die Vorlage kann von jedem*jeder Schüler*in individuell gestaltet werden. • Leere Sprechblasen ermöglichen den Schüler*innen, eigene Gedanken zum Thema Brüche festzuhalten. • Ergänzende Gestaltungselemente können die Schüler*innen selbst beisteuern.	*pro Schüler*in:* • ggf. farbiges Papier zur weiteren Ausgestaltung der Titelseite
Reflexionsbogen zu meinem Lapbook → S. 19	Reflexionsbogen für die Hand der Schüler*innen zur Einschätzung der Arbeit am Lapbook und den Inhalten	• eine Kopie für jede*n Schüler*in vorbereiten • Der Lernprozess kann während oder nach Beendigung der Arbeit eingeschätzt werden. **Tipp:** Der Reflexionsbogen kann in einer Klarsichthülle auf der Rückseite des Lapbooks aufbewahrt werden.	*pro Schüler*in:* • Klarsichthülle • Klebeband
Bewertungsbogen → S. 20	Bewertungsbogen für die Lehrperson	Bewertungskriterien vor Beginn der Arbeit besprechen **Tipp:** Der Bewertungsbogen kann in einer Klarsichthülle auf der Rückseite des Lapbooks aufbewahrt werden.	*pro Schüler*in:* • Klarsichthülle • Klebeband

Faltvorlagen

Titel	geeignet für	inhaltliche Schwerpunkte/ Beschreibung	Hinweise und Tipps zur Verwendung	benötigtes Zusatzmaterial
Merktafel: Die Teile eines Bruches → S. 21	Einführung Erarbeitung	Beschreibung der Teile eines Bruches	eine Kopie für jede*n Schüler*in vorbereiten	–
Merkkärtchen: Merksätze zur Bruchrechnung → S. 22–25	Merken und Wiederholen	• Auf den vorgedruckten Merkkärtchen können die Schüler*innen die wichtigsten Informationen zur Bruchrechnung nachlesen. • Auf acht unbedruckten Merkkärtchen haben die Schüler*innen Platz für eigene Notizen. • Auf den Rückseiten sollen die Schüler*innen je ein passendes Beispiel zur Regel/Erklärung notieren.	eine Kopie für jede*n Schüler*in vorbereiten	–
Infosterne: Alles Wichtige über Brüche → S. 26	Merken und Wiederholen	Die Schüler*innen halten weitere wichtige Informationen zur Bruchrechnung fest und erstellen sich ein kleines Nachschlagewerk.	• mehrere Kopien für jede*n Schüler*in vorbereiten • Die Informationen können von den Lehrpersonen stammen oder von den Schüler*innen selbst zusammengetragen werden (je nach Kenntnisstand und individuellem Bedarf).	–
Leporello: Brüche im Alltag → S. 27/28	Einführung Erarbeitung	• Visualisierung verschiedener Brüche aus dem Alltag • Die Schüler*innen erkennen, dass Brüche im täglichen Leben in vielen Zusammenhängen vorkommen.	eine Kopie für jede*n Schüler*in vorbereiten	–
Falttasche: Brüche als Kreisteile → S. 29/30	Einführung Erarbeitung	• Die Schüler*innen vergleichen Brüche in Form von Kreisteilen miteinander. • Durch eine unterschiedliche farbige Gestaltung der Kreisteile wird der Vergleich unterstützt. • Anhand einiger Fragen werden die Schüler*innen für den Umgang mit Brüchen sensibilisiert.	eine Kopie für jede*n Schüler*in vorbereiten	–

Titel	geeignet für	inhaltliche Schwerpunkte/ Beschreibung	Hinweise und Tipps zur Verwendung	benötigtes Zusatzmaterial
Merkblume: Sammelstelle für alle Brucharten → S. 31/32	Merken und Wiederholen	• Auf Blütenblättern werden zu jeder Bruchart Beispiele und Eigenschaften festgehalten. • Jede der fünf Brucharten wird separat notiert: echter Bruch, unechter Bruch, gemischter Bruch, Stammbruch, Dezimalbruch	• eine Kopie für jede*n Schüler*in vorbereiten • Wenn jeder der Brucharten eine eigene Farbe zugewiesen wird, bekommt die Merkblume noch mehr Übersicht.	–
Brüche-Leporello 1: Bruchteile erkennen → S. 33	Üben und Rechnen	Die Schüler*innen lesen Brüche von vorgegebenen Bruchdarstellungen ab.	eine Kopie für jede*n Schüler*in vorbereiten	–
Brüche-Leporello 2: Bruchteile unterschiedlich darstellen → S. 34	Üben und Rechnen	Die Schüler*innen färben die vorgegebenen Bruchdarstellungen ein.	eine Kopie für jede*n Schüler*in vorbereiten	–
Domino mit Brüchen: Bruch für Bruch zum Schatz → S. 35/36	Anwendung des Gelernten	Die Schüler*innen ordnen Abbildungen von Brüchen den passenden Brüchen zu.	• eine Kopie für jede*n Schüler*in vorbereiten (auf stärkerem Papier kopieren) • kann zur Auflockerung zwischendurch eingesetzt werden	*pro Schüler*in:* • stärkeres Papier für die Kopien
Quartett: Brüche in verschiedenen Variationen → S. 37/38	Anwendung des Gelernten	Die Schüler*innen bilden zu jedem Bruch ein volles Quartett (vier Kärtchen) und beschäftigen sich dadurch mit den verschiedenen Aspekten und Darstellungen von Brüchen. Die drei rechten Karten spiegeln den typischen Zugang zu Brüchen wider. Die linken Karten greifen einen weiteren Zugang auf: Wie wird eine Menge aufgeteilt?	• eine Kopie für jede*n Schüler*in vorbereiten (auf stärkerem Papier kopieren) • kann zur Auflockerung zwischendurch eingesetzt werden	*pro Schüler*in:* • stärkeres Papier für die Kopien • Büroklammer
Wasserrohrbruch: Brüche kürzen und erweitern → S. 39/40	Üben und Rechnen	• Die Schüler*innen kürzen und erweitern vorgegebene Brüche. • Die Selbstkontrolle erfolgt durch das Finden der richtigen Wassertropfen mit Lösungen.	• eine Kopie für jede*n Schüler*in vorbereiten (auf stärkerem Papier kopieren) • Beim Einkleben in das Lapbook müssen die Schüler*innen darauf achten, dass der Eimer nicht auf dem Kopf steht.	*pro Schüler*in:* • stärkeres Papier für die Kopien

Titel	geeignet für	inhaltliche Schwerpunkte/ Beschreibung	Hinweise und Tipps zur Verwendung	benötigtes Zusatzmaterial
Rechenkärtchen: Brüche addieren und subtrahieren → S. 41	Üben und Rechnen	Die Schüler*innen lösen vorgegebene Additions- und Subtraktionsaufgaben.	• eine Kopie für jede*n Schüler*in vorbereiten • Das leere Kärtchen bietet den Schüler*innen Platz für eine eigene Aufgabe. Ggf. können Sie den Schüler*innen mehrere leere Kärtchen zur Verfügung stellen.	*pro Schüler*in:* • Heftklammern
Glas-Container: Einen Bruch mit einer natürlichen Zahl multiplizieren → S. 42/43	Üben und Rechnen	• Die Schüler*innen multiplizieren Brüche mit einer natürlichen Zahl. • Die Selbstkontrolle erfolgt durch Finden zweier passender Glasscherben.	• eine Kopie für jede*n Schüler*in vorbereiten • Die obere Lasche der Container-Vorlage darf nicht an das Lapbook oder die Container-Vorlage geklebt werden. Sie dient als Verschlussklappe. • auch für Partnerarbeit geeignet	*pro Schüler*in:* • ggf. stärkeres Papier für die Kopien, damit die Flaschen exakt ausgeschnitten werden können und die Bruchkanten der Flaschen nicht „ausfransen"
Pizza auf dem Drehteller: Brüche miteinander multiplizieren → S. 44/45	Üben und Rechnen	• Die Schüler*innen multiplizieren Brüche miteinander. • Die Selbstkontrolle erfolgt durch den Vergleich mit den Ergebnissen auf dem Teller.	eine Kopie für jede*n Schüler*in vorbereiten	*pro Schüler*in:* • Musterbeutelklammer
Klappbuch: Brüche durch Brüche dividieren → S. 46	Üben und Rechnen	• Die Schüler*innen lösen Divisionsaufgaben. • Ihren Rechnungen ordnen sie passende Lösungspfeile zu.	eine Kopie für jede*n Schüler*in vorbereiten	–
Knochenbrüche: Bruchrechnen mit den vier Grundrechenarten → S. 47/48	Üben und Rechnen	• Die Schüler*innen rechnen in allen vier Grundrechenarten (z. T. auch kombiniert). • Die Selbstkontrolle erfolgt durch Finden der passenden Knochenteile.	• eine Kopie für jede*n Schüler*in vorbereiten • Die obere Lasche an der Krankenwagen-Vorlage darf nicht ans Lapbook bzw. den Krankenwagen geklebt werden. Sie dient als Verschlussklappe. • auch für Partnerarbeit geeignet	*pro Schüler*in:* • ggf. stärkeres Papier für die Kopien, damit die Knochenbrüche exakt ausgeschnitten werden können und die Bruchkanten nicht „ausfransen"

Titel	geeignet für	inhaltliche Schwerpunkte/ Beschreibung	Hinweise und Tipps zur Verwendung	benötigtes Zusatzmaterial
Steinbruch: Brüche in Dezimalzahlen umwandeln → S. 49/50	Üben und Rechnen	Die Schüler*innen wandeln Brüche in Dezimalzahlen um und ordnen sie der Größe nach.	• eine Kopie für jede*n Schüler*in vorbereiten (Vorlage mit Steinbruch vergrößert kopieren → 70–100 % größer) • auch für Partnerarbeit geeignet	*pro Schüler*in:* • Büroklammer
Sonnenblumen: Brüche in Dezimalzahlen umwandeln → S. 51	Üben und Rechnen	• Die Schüler*innen schreiben Brüche in der Dezimalschreibweise (und umgekehrt). • Die Selbstkontrolle erfolgt durch das Ankleben der vorgegebenen Lösungen.	eine Kopie für jede*n Schüler*in vorbereiten	–
Zahlenstrahl: Brüche vergleichen und der Größe nach ordnen → S. 52/53	Üben und Rechnen	• Die Schüler*innen vervollständigen den Zahlenstrahl und ordnen darauf vorgegebene Bruchzahlen an. • Die Selbstkontrolle erfolgt durch den Vergleich mit den vorgegebenen Lösungen.	• eine Kopie für jede*n Schüler*in vorbereiten • Der Zahlenstrahl soll nur an einem Drittel der Länge ins Lapbook geklebt werden. **Tipp:** Zahlenstrahl gemeinsam beschriften	*pro Schüler*in:* • Büroklammer
Große Wäsche: Brüche vergleichen und der Größe nach ordnen → S. 54/55	Üben und Rechnen	• Durch Befestigen der Schnur entsteht eine Wäscheleine. Die Kleidungsstücke sollen nun der Größe nach geordnet werden. • Hauptaugenmerk wird hier auf das vergleichende Ordnen gelegt, nicht auf das Einhalten einer genauen Skalierung wie bei einem Zahlenstrahl.	• eine Kopie für jede*n Schüler*in vorbereiten • Die obere Lasche der Waschmaschinen-Vorlage darf nicht ans Lapbook bzw. die Waschmaschine geklebt werden. Sie dient als Verschlussklappe.	*pro Schüler*in:* • ein 25 cm langes Stück dünne Schnur
Windrad: Bruchrechnen mit Einheiten → S. 56	Üben und Rechnen	• Die Schüler*innen rechnen mit verschiedenen Maßeinheiten. • Die Selbstkontrolle erfolgt durch den Vergleich mit den vorgegebenen Lösungen.	• eine Kopie für jede*n Schüler*in vorbereiten • Die Schüler*innen können Windräder mit eigenen Aufgaben bauen. Dazu malen sie die Umrisse eines Windradblattes mehrfach auf Papier ab.	*pro Schüler*in:* • Musterbeutelklammer • ein Bogen Papier für ein Windrad mit eigenen Aufgaben (und eine weitere Musterbeutelklammer)

Titel	geeignet für	inhaltliche Schwerpunkte/ Beschreibung	Hinweise und Tipps zur Verwendung	benötigtes Zusatzmaterial
Schmetterlinge: Doppelbrüche berechnen → S. 57/58	Üben und Rechnen	• Die Schüler*innen lösen Aufgaben mit Doppelbrüchen. • Die Selbstkontrolle erfolgt durch das Aufkleben der Schmetterlinge auf Blüten mit den richtigen Lösungen.	• eine Kopie für jede*n Schüler*in vorbereiten • Die Schmetterlinge können als Schwarm oder vereinzelt ins Lapbook geklebt werden.	–
Geheime Schriftrollen: Bruch-Knobelaufgaben für Expertinnen und Experten → S. 59/60	Üben und Rechnen	• Die Schüler*innen lösen Knobelaufgaben mit Brüchen. • Die Selbstkontrolle erfolgt durch Abgleichen mit den gegebenen Lösungen.	eine Kopie für jede*n Schüler*in vorbereiten	–
Wörterbuch-Recherche: Sprache und Brüche → S. 61	Recherche	Die Aufgabe geht auf die Vielfältigkeit des Wortes „Bruch" ein. Die Schüler*innen recherchieren entsprechende Begriffe (und ggf. Redewendungen) und halten sie in der Vorlage fest, z. B. Ehebruch, Abbruch, Bruchlandung, Bruchpilot, „Hals und Beinbruch", „Das ist kein Beinbruch" etc.	eine Kopie für jede*n Schüler*in vorbereiten	*pro Schüler*in:* • Wörterbücher oder Möglichkeit zur Online-Recherche
Brüche-Sprüche-Memo: Sprachspielereien und Brüche im Alltag → S. 62–64	Anwendung des Gelernten	Die Schüler*innen finden spielend die passenden Paare. Ein Paar besteht stets aus einer Abbildung, in der sich ein Bruch versteckt hat, und einem dazu passenden Satz.	• eine Kopie für jede*n Schüler*in vorbereiten (auf stärkerem Papier kopieren) • kann zur Auflockerung zwischendurch im regulären Unterricht eingesetzt werden • Die Schüler*innen ergänzenden das Spiel und gestalten die leeren Kärtchenvorlagen in derselben Art.	*pro Schüler*in:* • stärkeres Papier für die Kopien
Lesegeschichte: Ein Tag mit Hanna → S. 65–67	Üben und Rechnen, Anwendung des Gelernten	Die Schüler*innen finden möglichst viele Bruchaufgaben in der Geschichte.	eine Kopie für jede*n Schüler*in vorbereiten	*pro Schüler*in:* • kariertes Papier für die Rechnungen

Abbildungen der fertigen Faltvorlagen (1/2)

Die Titelseite, S. 18

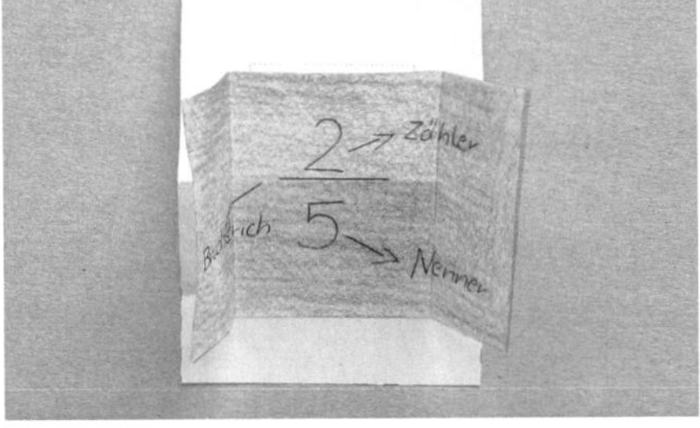

Merktafel:
Die Teile eines Bruches, S. 21

Merkkärtchen:
Merksätze zur Bruchrechnung, S. 22

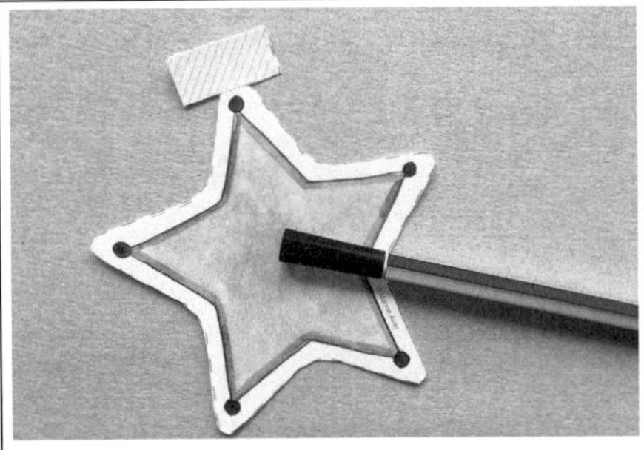

Infosterne:
Alles Wichtige über Brüche, S. 26

Leporello:
Brüche im Alltag, S. 27

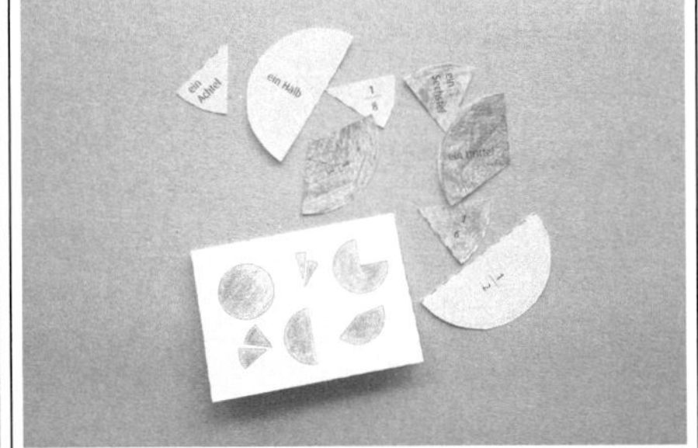

Falttasche:
Brüche als Kreisteile, S. 29

Merkblume:
Sammelstelle für alle Bruchartenc, S. 31

Brüche-Leporello 1:
Bruchteile erkennen, S. 33

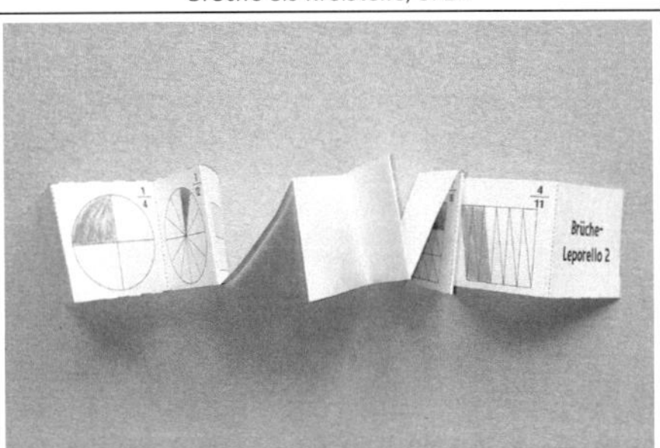

Brüche-Leporello 2:
Bruchteile unterschiedlich darstellen, S. 34

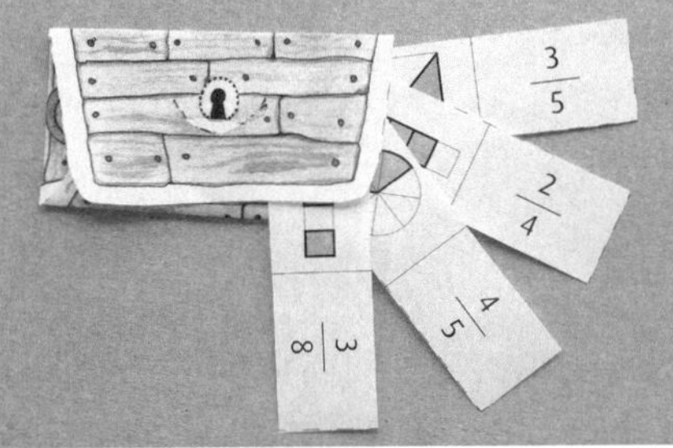

Domino mit Brüchen:
Bruch für Bruch zum Schatz, S. 35

Quartett:
Brüche in verschiedenen Variationen, S. 37

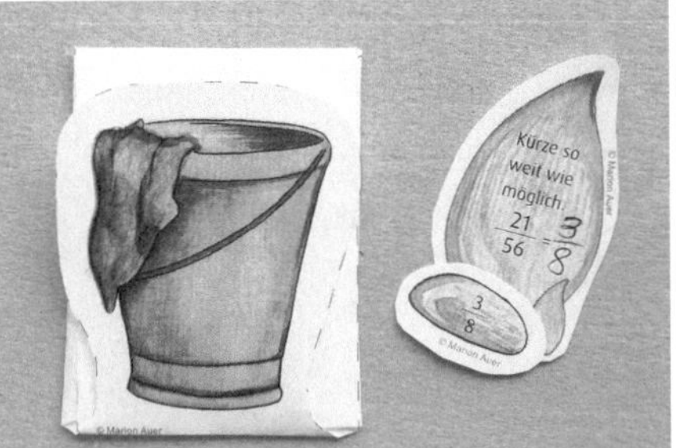

Wasserrohrbruch:
Brüche kürzen und erweitern, S. 39

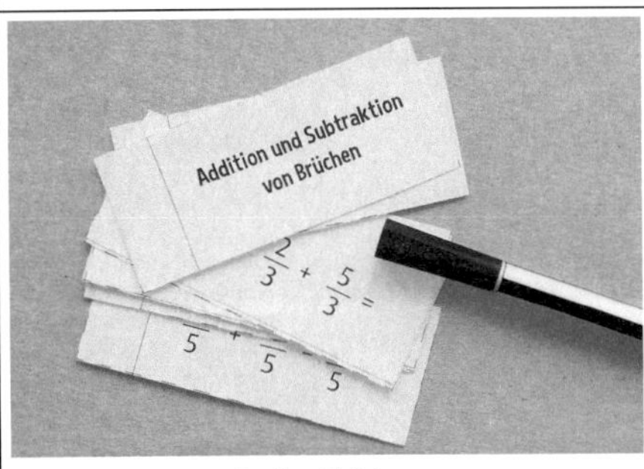

Rechenkärtchen:
Brüche addieren und subtrahieren, S. 41

Glas-Container:
Einen Bruch mit einer natürlichen Zahl multiplizieren, S. 42

Pizza auf dem Drehteller:
Brüche miteinander multiplizieren, S. 44

Abbildungen der fertigen Faltvorlagen (2/2)

Klappbuch: Brüche durch Brüche dividieren, S. 43	**Knochenbrüche:** Bruchrechnen mit den vier Grundrechenarten, S. 47	**Steinbruch:** Brüche in Dezimalzahlen umwandeln, S. 49
Sonnenblumen: Brüche in Dezimalzahlen umwandeln, S. 51	**Zahlenstrahl:** Brüche vergleichen und der Größe nach ordnen, S. 52	**Große Wäsche:** Brüche vergleichen und der Größe nach ordnen, S. 54
Windrad: Bruchrechnen mit Einheiten, S. 56	**Schmetterlinge:** Doppelbrüche berechnen, S. 57	**Geheime Schriftrollen:** Bruch-Knobelaufgaben für Expertinnen und Experten, S. 59
Wörterbuch-Recherche: Sprache und Brüche, S. 61	**Brüche-Sprüche-Memo:** Sprachspielereien und Brüche im Alltag, S. 62	**Lesegeschichte:** Ein Tag mit Hanna, S. 65

Erklärung der Symbole

Die folgenden Symbole findest du auf den Arbeitsblättern.

Gestrichelte Linie = Schneidelinie
Schneide die Vorlagen entlang dieser Linien aus.

Gepunktete Linie = Faltlinie
Falte die Vorlagen entlang dieser Linien.

Klebeflächen
Diese Fläche zeigt dir an,
wo du kleben musst.
Meistens klebst du die Vorlage an dieser Fläche direkt in dein Lapbook. Es kommt aber auch vor, dass du zwei Klebeflächen aneinanderkleben musst. Achte daher immer genau auf die Angaben.

Faltanleitung für den Lapbook-Umschlag

Du brauchst:

- einen Bogen farbigen Tonkarton in Größe DIN A3
- einen Bogen farbiges Kopierpapier in Größe DIN A4
- einige etwas größere Tonkartonreste
- eine Schere
- einen Klebestift
- Klebeband
- eine Klarsichthülle

So geht´s:

1. Falte deinen Tonkarton senkrecht in der Mitte.
2. Klappe den Tonkarton wieder auseinander.
3. Falte beide Seiten zur Mittellinie. Du hast jetzt drei Faltlinien.
   Klebe nun deinen Bogen Kopierpapier in die Mitte.
   Dein Lapbook ist jetzt fertig. Nun kannst du mit der Gestaltung beginnen.
   Klebe mit Klebeband auf die Rückseite deines Lapbooks die Klarsichthülle.
   Hier kannst du ausgeschnittene Teile und Notizzettel sicher aufbewahren.
4. Solltest du im Laufe der Arbeit zu wenig Platz in deinem Lapbook haben,
   kannst du weitere Klappen mit Klebeband daran anbringen.
   Dafür benötigst du die Tonkartonreste.

①

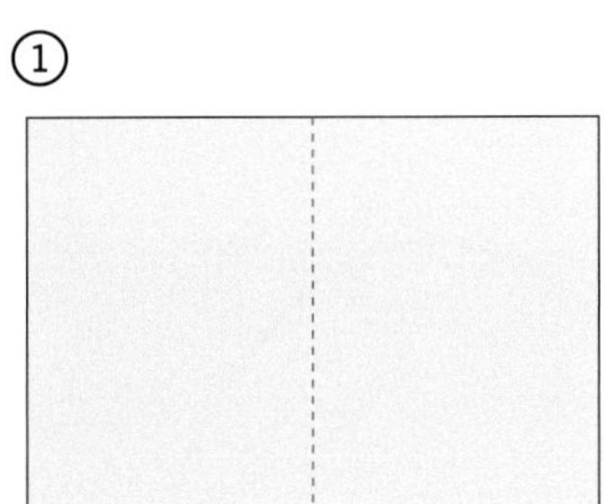

②

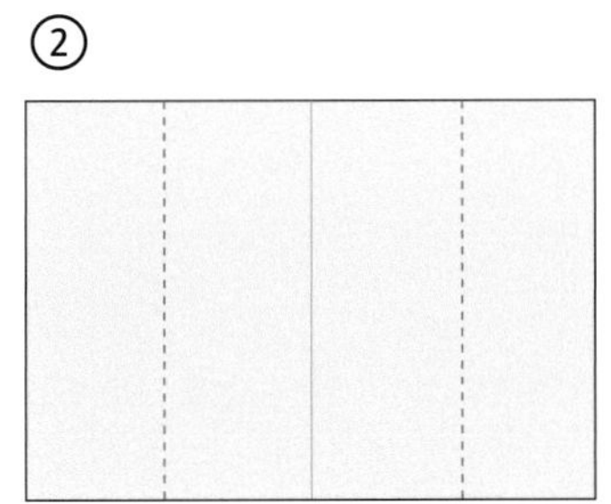

③

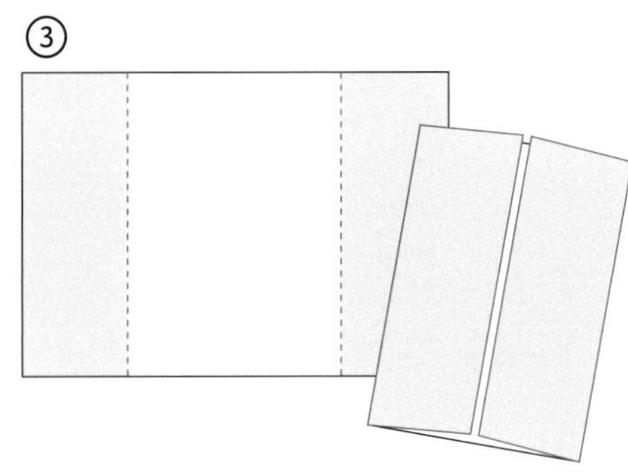

④

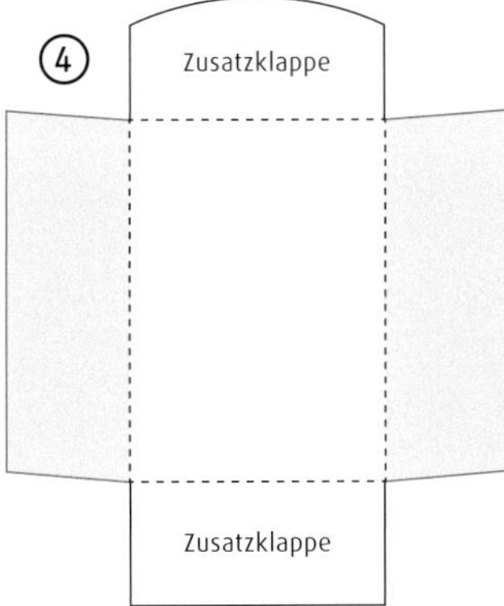

Die Titelseite

Mit diesen Vorlagen kannst du deine Titelseite gestalten.

1. Fülle und male die Vorlagen aus.
2. Schneide dann die Vorlagen entlang der Schneidelinien aus.
3. Ordne die Vorlagen auf dem Umschlag deines Lapbooks an und klebe sie auf.
4. Gestalte die Titelseite des Lapbooks passend zum Thema Bruchrechnung. Nutze hierfür auch die leeren Sprechblasen, in denen du wichtige Begriffe zum Thema eintragen kannst.

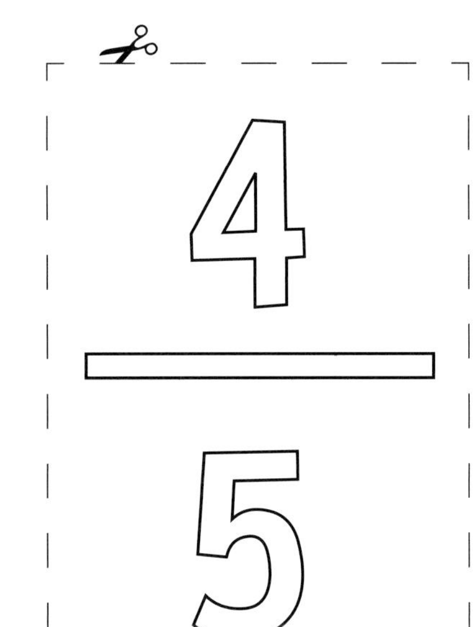

Reflexionsbogen zu meinem Lapbook

Name: .... Klasse: .... Datum: ....

Schätze ein, wie du die einzelnen Aufgaben erfüllt hast.

Ich habe konzentriert und eigenständig gearbeitet.	☺	😐	☹
Ich habe mein Lapbook sauber und ansprechend gestaltet.	☺	😐	☹
Ich habe meine Faltbücher sinnvoll im Lapbook angeordnet.	☺	😐	☹
Ich habe alle Aufgaben bearbeitet.	☺	😐	☹
Ich habe alle Ergebnisse gewissenhaft kontrolliert.	☺	😐	☹
Ich kann mit meinem Lapbook üben.	☺	😐	☹

Das hat mir gut gefallen:

....

....

....

Deshalb hat mir das Lapbook geholfen, das Thema Bruchrechnung besser zu verstehen:

....

....

....

Das hat mir nicht gefallen:

....

....

....

So hat mir die Arbeit an meinem Lapbook insgesamt gefallen: ☺ 😐 ☹

Bewertungsbogen

Name: .... Klasse: .... Datum: ....

	Punkte	Bemerkung
Arbeitsverhalten		
Du hast selbstständig, konzentriert und engagiert gearbeitet.		
Du hattest Lapbook und Arbeitsmaterialien stets im Unterricht dabei.		
Du versuchst, Probleme eigenständig zu lösen.		
Du hast unsere Arbeitsregeln eingehalten.		
Gestaltung		
Deine Faltbücher sind übersichtlich angeordnet.		
Du hast die Vorlagen ordentlich ausgeschnitten und gefaltet.		
Du hast auf deine Handschrift geachtet.		
Du kannst mit deinem Lapbook üben.		
Inhalt		
Du hast alle Pflichtthemen bearbeitet.		
Du hast alle Wahlthemen bearbeitet.		
Du hast alles vollständig bearbeitet und ausgefüllt.		
Du hast deine Ergebnisse kontrolliert.		
Selbstreflexion		
Du schätzt deine Arbeit an deinem Lapbook richtig ein.		

Das hat mir gut gefallen:

....

Daran musst du noch arbeiten:

....

So gefällt mir dein Lapbook insgesamt:   

Merktafel: Die Teile eines Bruches

An dieser kleinen Tafel hältst du fest, wie sich ein Bruch zusammensetzt.

1. Schneide beide Vorlagen an den Schneidelinien rundherum aus.
2. Falte die linke rechteckige Vorlage an der mittleren Faltlinie.
3. Schneide die beiden Schneidelinien links und rechts an der Klebefläche ein. Achte darauf, dass du nicht zu weit einschneidest.
4. Falte nun die Vorlage an den noch verbliebenen Faltlinien.
5. Schiebe vorsichtig einen Bleistift durch die entstandene Lasche und ziehe sie vorsichtig nach vorn, bis sie wie eine kleine Treppenstufe aussieht.
6. Falte jetzt an der zweiten Vorlage die Flügel rechts und links zur Mitte.
7. Du kannst diese Flügel wie eine Schultafel farbig ausmalen.
8. Klebe nun beide Klebefläche zusammen.
9. Schreibe nun den Bruch $\frac{2}{5}$ an die aufgeklappte Merktafel und beschrifte die Bruchteile (Zähler, Nenner, Bruchstrich)
10. Schreibe auch auf, was der Bruchstrich darstellt.

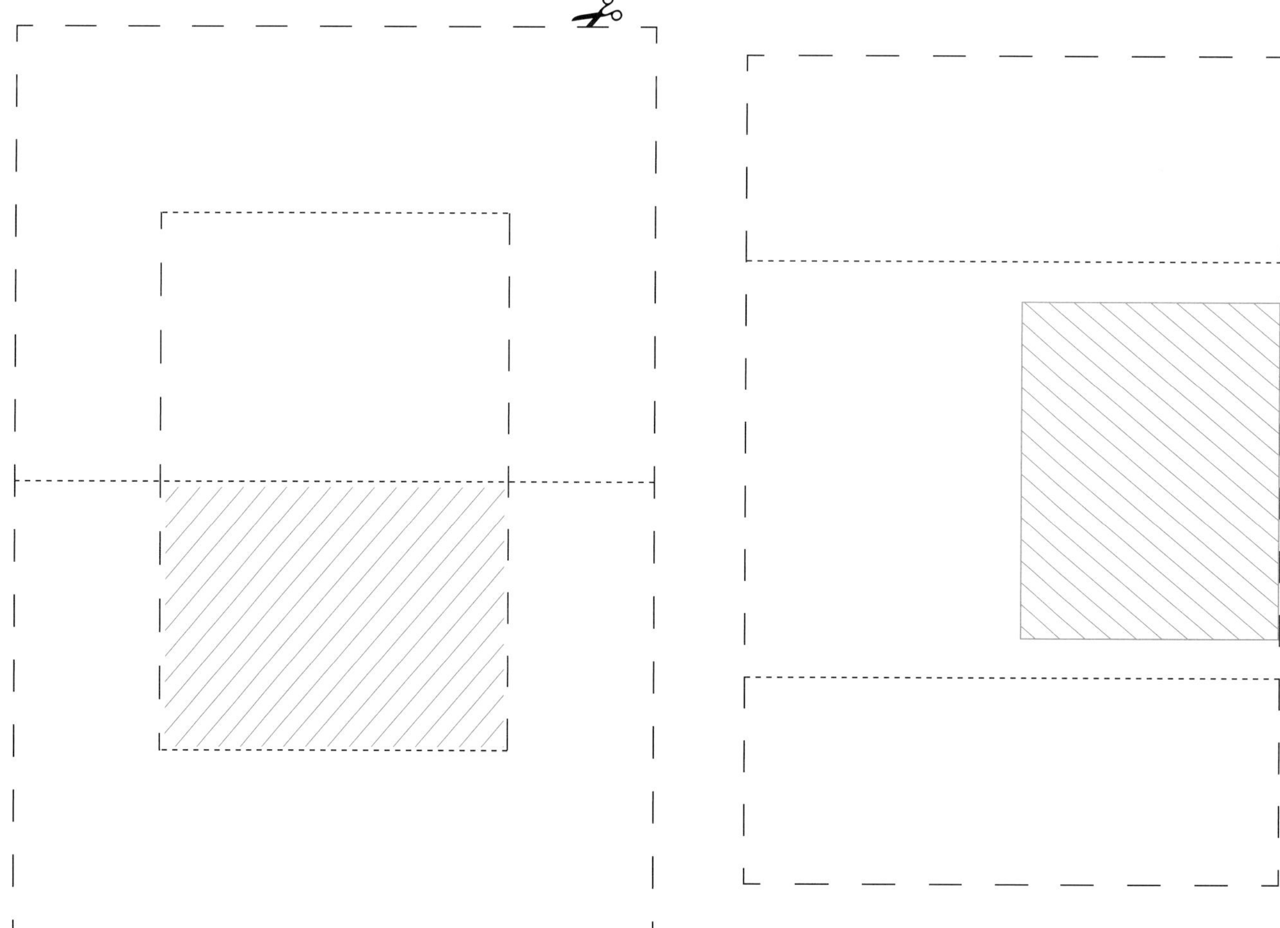

Merkkärtchen: Merksätze zur Bruchrechnung (1/4)

Rund um das Thema Brüche gibt es viele Regeln, die du dir merken musst. Die Merkkärtchen helfen dir dabei.

1. Schneide die Merkkärtchen an den Schneidelinien aus.
2. Male den Bücherstapel auf der Falttasche farbig aus. Schneide die Falttasche mit dem Bücherstapel aus.
3. Falte die drei Laschen an der Falttasche nach hinten um.
4. Klebe die Falttasche an den Klebeflächen in dein Lapbook.
5. Schreibe auf die Rückseite jedes Merkkärtchens ein passendes Beispiel.
6. Notiere weitere wichtige Merksätze und Regeln auf den leeren Kärtchen.
7. Bewahre die Merkkärtchen in deiner Falttasche auf.

Aufgepasst UND gut gemerkt!	Aufgepasst UND gut gemerkt!
Beim Kürzen eines Bruches werden Zähler und Nenner durch die gleiche Zahl dividiert. Dabei verändert sich der Wert des Bruches nicht.	Wird ein Bruch durch einen anderen Bruch dividiert, muss man zuerst den Kehrwert des zweiten Bruches bilden. Dies bedeutet, dass man beim zweiten Bruch Zähler und Nenner vertauscht. Anschließend multipliziert man zuerst die Zähler und dann die Nenner miteinander.
Aufgepasst UND gut gemerkt!	**Aufgepasst UND gut gemerkt!**
Werden zwei Brüche miteinander multipliziert, multipliziert man zuerst die Zähler miteinander und dann die Nenner.	Den Kehrwert eines Bruches erhält man, wenn man Zähler und Nenner vertauscht (umdreht).

Merkkärtchen: Merksätze zur Bruchrechnung (2/4)

Aufgepasst UND gut gemerkt!

Der Zähler gibt an, wie viele Teile gemeint sind.

Er befindet sich oberhalb des Bruchstriches.

Aufgepasst UND gut gemerkt!

Bei einem Doppelbruch besteht sowohl der Zähler als auch der Nenner aus einem Bruch.
Man löst einen Doppelbruch auf, indem man den Zählerbruch mit dem Kehrwert des Nennerbruches multipliziert.

Aufgepasst UND gut gemerkt!

Brüche sind eine andere Schreibform der Division.
Der Dividend entspricht dem Zähler, der Divisor entspricht dem Nenner und das Divisionszeichen wird vom Bruchstrich dargestellt.

Aufgepasst UND gut gemerkt!

Der Nenner gibt an, in wie viele Teile ein Ganzes geteilt wird.
Er darf niemals den Wert 0 haben.

Aufgepasst UND gut gemerkt!

Brüche werden addiert, indem man einen gemeinsamen Nenner bildet.
Dies ist dann der Nenner des Ergebnisbruches.
Die Zähler werden addiert.

Aufgepasst UND gut gemerkt!

Brüche werden subtrahiert, indem man einen gemeinsamen Nenner bildet.

Dies ist dann der neue Nenner des Ergebnisbruches.

Die Zähler werden subtrahiert.

Merkkärtchen: Merksätze zur Bruchrechnung (3/4)

Aufgepasst UND gut gemerkt!	Aufgepasst UND gut gemerkt!
Einen Bruch gleichnamig zu machen, bedeutet, dass zwei (oder mehrere) Brüche mit unterschiedlichen Nennern durch Erweitern oder Kürzen den gleichen Nenner erhalten.	Beim Erweitern eines Bruches werden Zähler und Nenner mit der gleichen Zahl multipliziert. Dabei verändert sich der Wert des Bruches nicht.

Aufgepasst UND gut gemerkt!	Aufgepasst UND gut gemerkt!

Aufgepasst UND gut gemerkt!	Aufgepasst UND gut gemerkt!

Merkkärtchen: Merksätze zur Bruchrechnung (4/4)

Aufgepasst UND gut gemerkt!	Aufgepasst UND gut gemerkt!

Aufgepasst UND gut gemerkt!	Aufgepasst UND gut gemerkt!

Infosterne: Alles Wichtige über Brüche

In den Infosternen notierst du alles Wichtige über Brüche.

1. Gestalte die Sterne farbig, jedoch nicht zu kräftig, sodass du noch auf den Sternen schreiben kannst und die Schrift gut zu lesen ist.
2. Schneide alle Sterne an den Schneidelinien aus und klebe sie an den Klebeflächen zu einem Notizbuch zusammen.
3. Klebe das Notizbuch in dein Lapbook.
4. Trage nach und nach wichtige Informationen zum Arbeiten mit Brüchen in die Sterne ein.

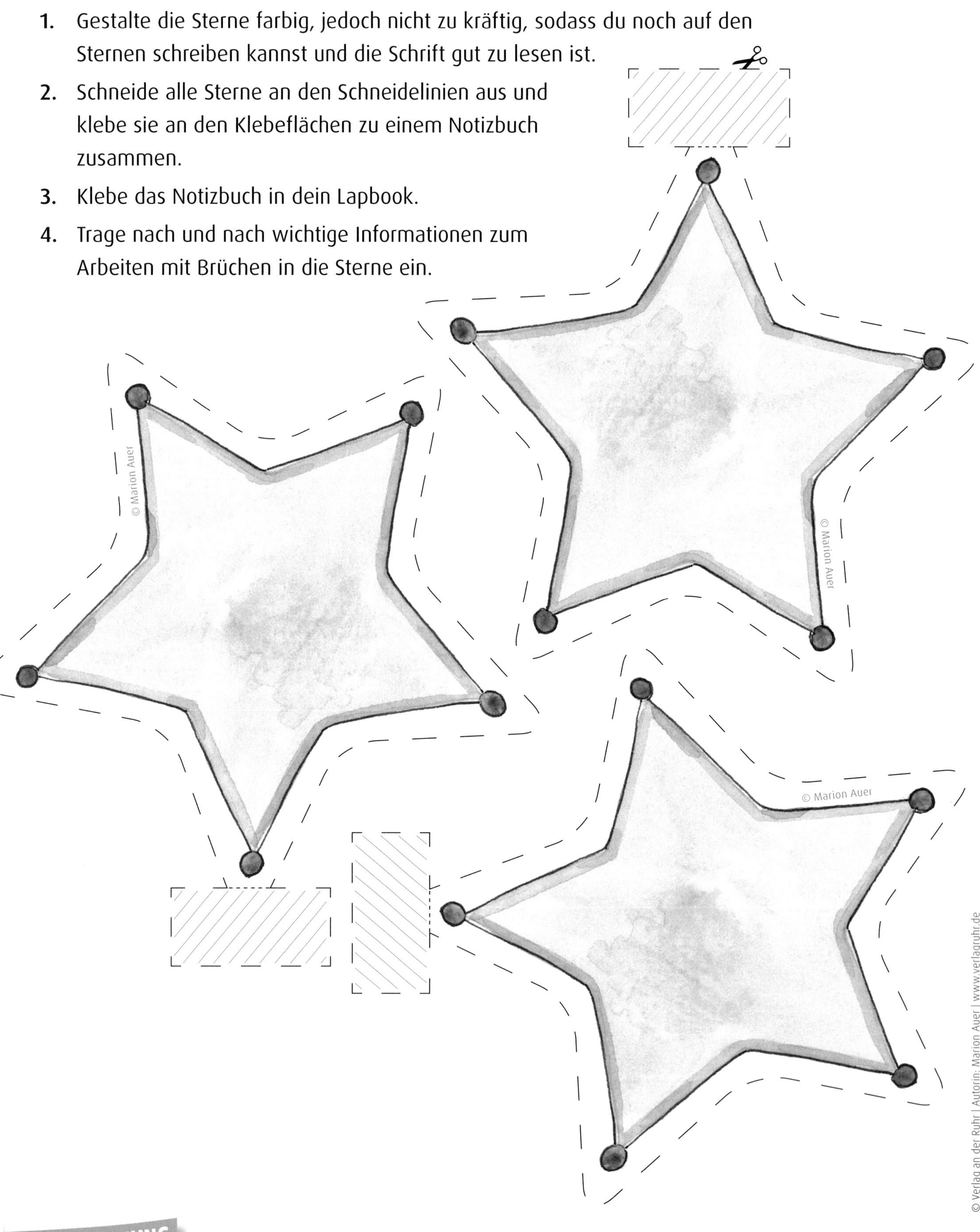

Leporello: Brüche im Alltag (1/2)

In unserem Alltag kommen Brüche in vielen unterschiedlichen Zusammenhängen vor.

1. Male die Bilder auf den Kärtchen farbig aus.
2. Überlege, wo du in deinem täglichen Leben Brüchen begegnest. Schreibe diese Brüche auf die leeren Kärtchen. Male dazu passende Bilder.
3. Schneide alle Kärtchen entlang der Schneidelinien aus.
4. Klebe alle Kärtchen an den Klebeflächen zu einer langen Schlange zusammen. Achte darauf, dass das Kärtchen mit dem Titel „Brüche im Alltag“ an erster Stelle steht.
5. Falte die Schlange an den Faltlinien abwechselnd nach vorn und nach hinten. So entsteht ein Leporello.
6. Klebe das Leporello in dein Lapbook.

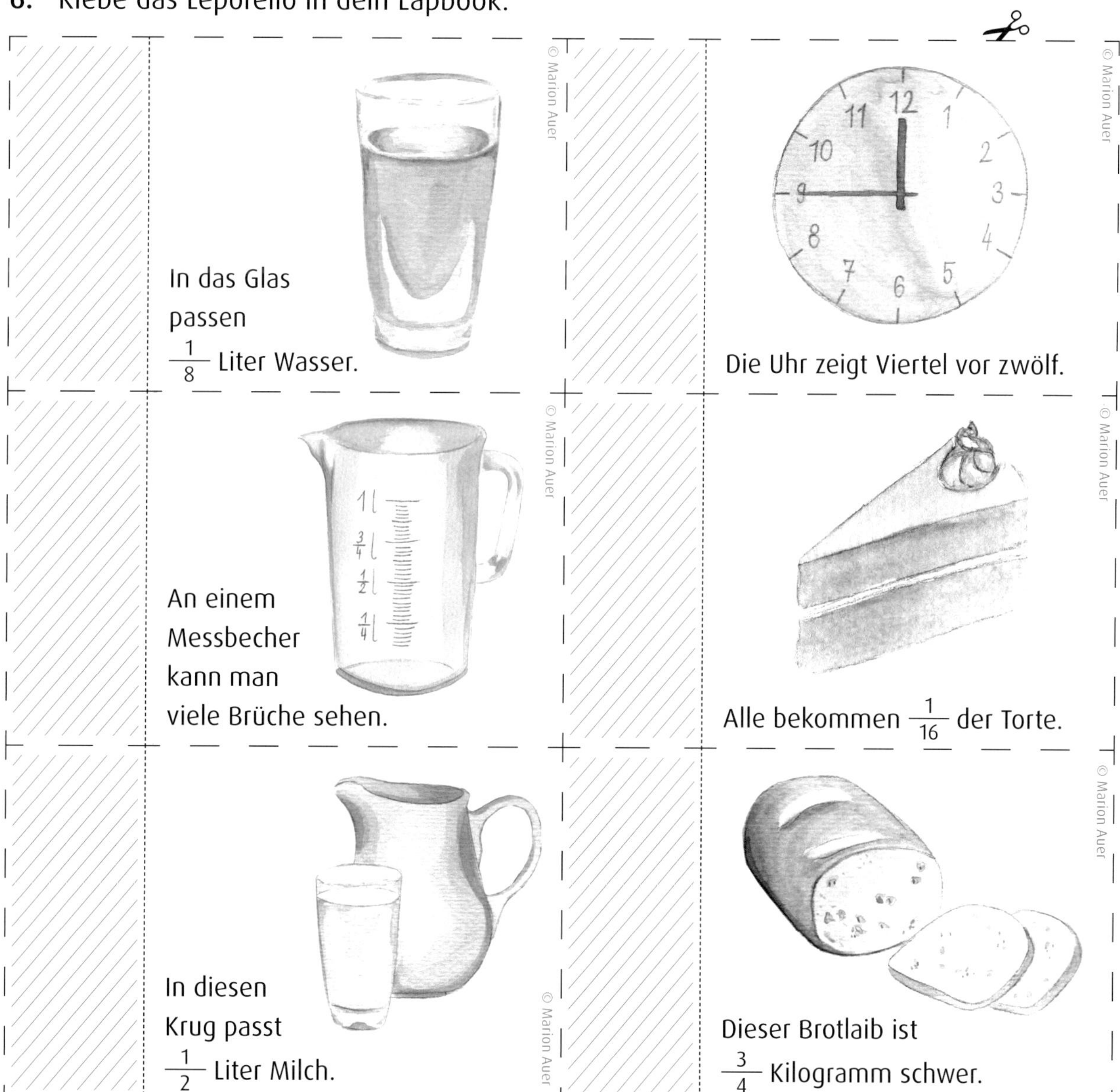

Leporello: Brüche im Alltag (2/2)

© Marion Auer

Das Achtelfinale ist total spannend.

© Marion Auer

Für das Keksrezept benötigt man $\frac{1}{4}$ Kilogramm Mehl.

© Marion Auer

Die Äpfel sind heute im Angebot. Sie kosten nur die Hälfte des üblichen Preises.

Brüche im Alltag

Falttasche: Brüche als Kreisteile (1/2)

An einem Kreis erkennst du gut, wie sich ein Ganzes in Bruchteile aufteilen lässt.

1. Male jeden der vollständigen Kreise in einer anderen Farbe aus.
2. Schneide alle Kreisteile an den Schneidelinien aus.
3. Du kannst das Deckblatt der Tasche farbig ausmalen. Schneide die Faltvorlage für die kleine Tasche aus.
4. Klappe die drei Laschen an der Tasche an den Faltlinien nach hinten um und danach das Deckblatt mit den Kreisen darauf.
5. Klebe die Falttasche an der Klebefläche in dein Lapbook.
6. Vergleiche die Kreisteile miteinander:
   - ➔ Wie viele unterschiedliche Kreise kannst du zusammenlegen?
   - ➔ Auf welche Weise kannst du einen ganzen Kreis aus unterschiedlichen Kreisteilen bilden?
7. Überlege mithilfe der Kreisteile, wie man Brüche addieren oder subtrahieren kann. Halte deine Notizen in den Infosternen fest.

ein halb $\frac{1}{2}$

ein Drittel $\frac{1}{3}$

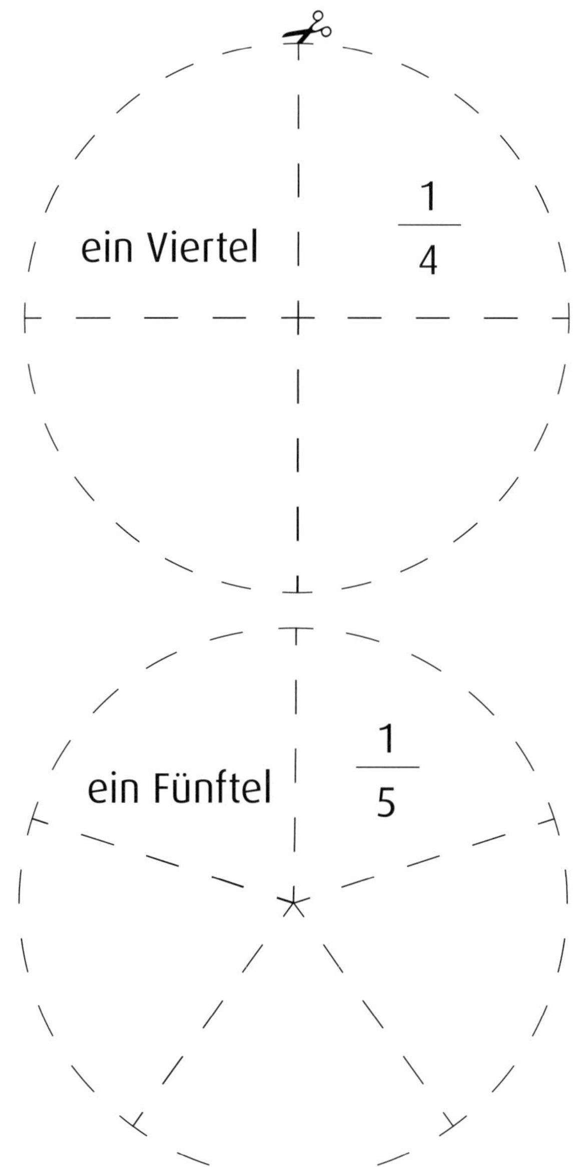

Falttasche: Brüche als Kreisteile (2/2)

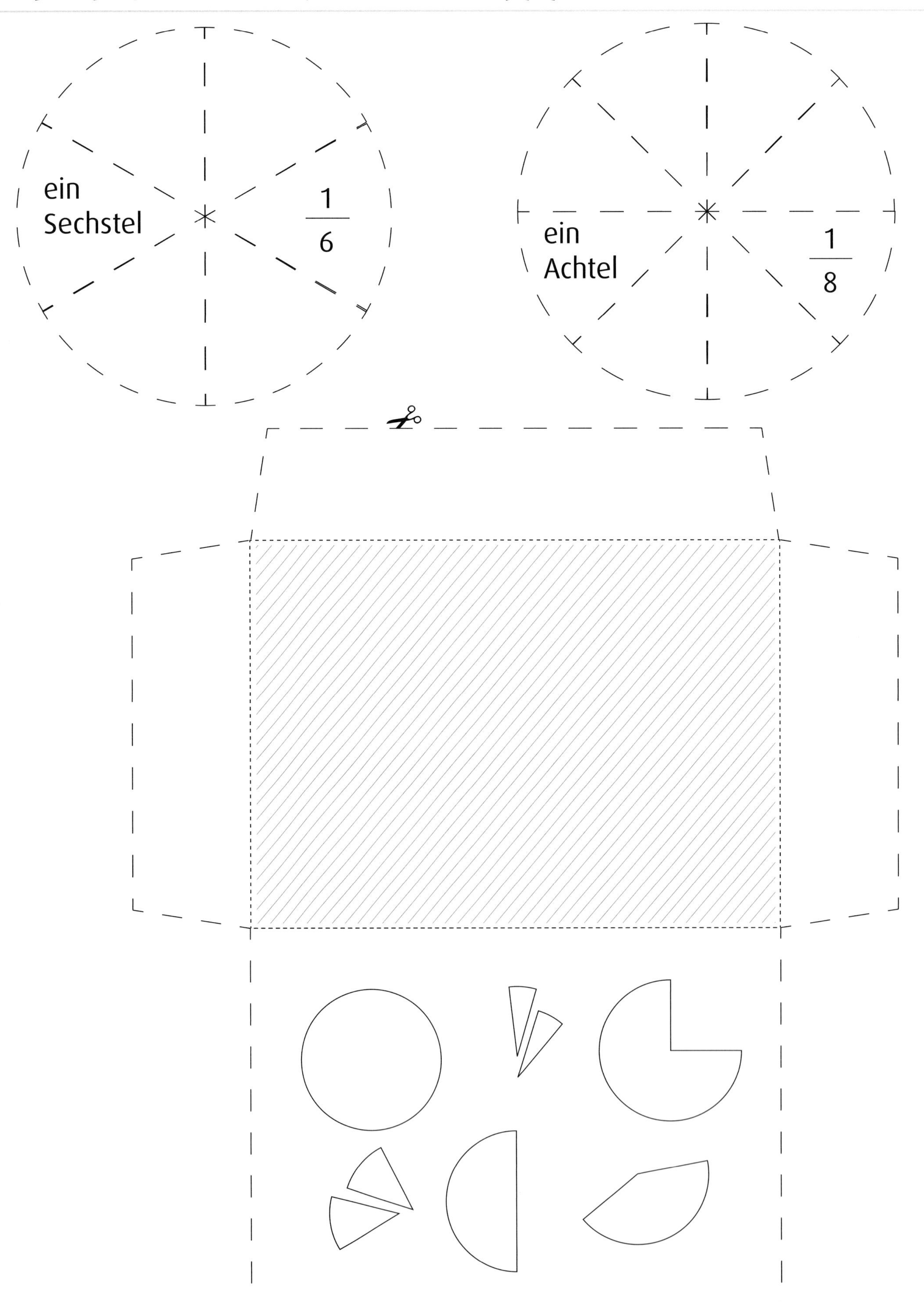

Merkblume: Sammelstelle für alle Brucharten (1/2)

Es gibt verschiedene Arten von Brüchen. Hier in der Merkblume kannst du sie notieren und ihre Besonderheiten aufschreiben.

1. Gestalte die Blume und die Blütenblätter farbig. Achte aber darauf, dass später deine Einträge noch gut zu lesen sein werden.
2. Schneide die Blume und die losen Blütenblätter an den Schneidelinien aus.
3. Falte die Blütenblätter, die sich in an der Blume befinden, zur Mitte hin.
4. Klebe die Blume an ihrer Rückseite in dein Lapbook. Achte jedoch darauf, dass du die Blütenblätter nicht anklebst.
5. Falte die Klebeflächen an den losen Blütenblättern nach hinten. Klebe jeweils zwei Blütenblätter an der Klebefläche A zusammen.
6. Klebe jedes Blütenblattpaar mit der Klebefläche A auf die Klebefläche B innerhalb der Blume.
7. Schreibe nun auf jedes oberste Blütenblatt eine Bruchart (in Worten), zum Beispiel: gemischter Bruch.
8. Schreibe in jedes mittlere Blütenblatt die jeweilige Bruchart als Bruch.
9. Schreibe nun auf jedes unterste Blütenblatt die Eigenschaft der Bruchart, zum Beispiel:
   → Der Zähler ist größer als der Nenner.
   → Zähler und Nenner sind gleich groß.

Klebefläche B

Klebefläche B

Klebefläche B

Klebefläche B

Klebefläche B

Merkblume: Sammelstelle für alle Brucharten (2/2)

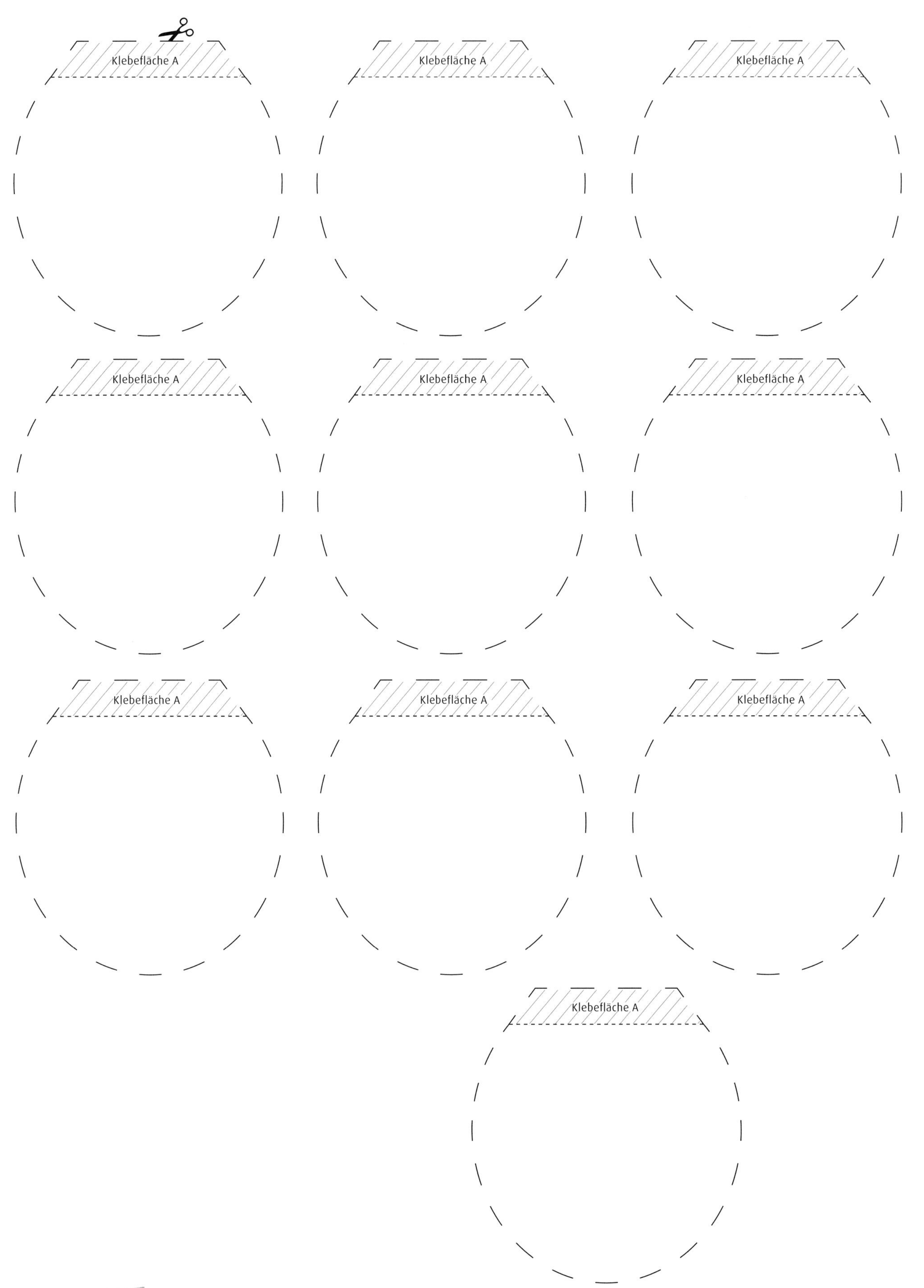

Brüche-Leporello 1: Bruchteile erkennen

Ein Bruch zeigt immer Teile eines Ganzen. Es gibt verschiedene Möglichkeiten, ein Ganzes in gleich große Teile aufzuteilen.

1. Schreibe den dargestellten Bruch neben die jeweilige Abbildung.
2. Schneide das Leporello entlang der Schneidelinien aus.
3. Falte die Kästchen an den Faltlinien zu einem Leporello. Achte darauf, dass sich das Deckblatt mit dem Titel ganz oben befindet.
4. Klebe das Brüche-Leporello an der Klebefläche in dein Lapbook.

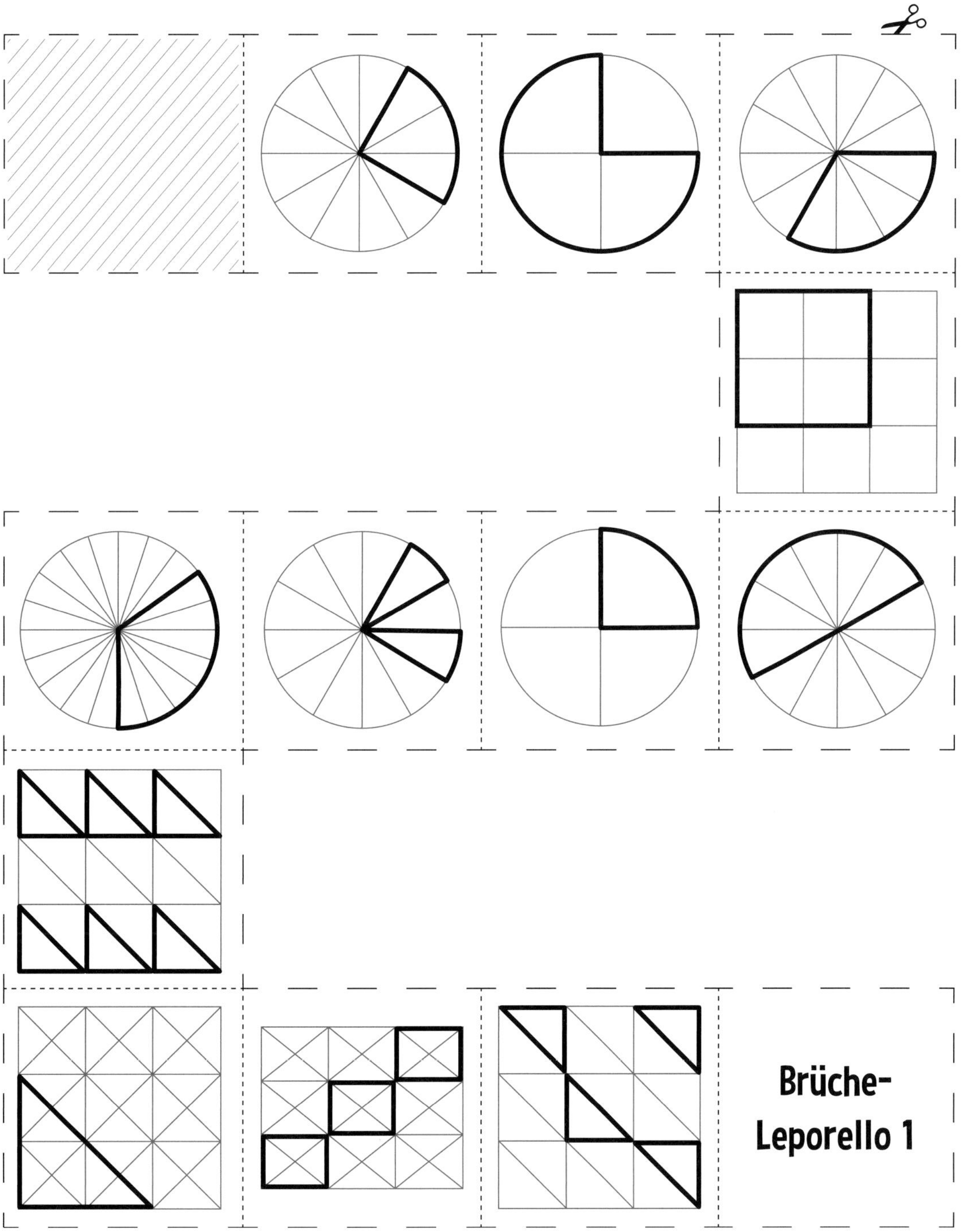

Brüche-Leporello 1

Brüche-Leporello 2: Bruchteile unterschiedlich darstellen

Ein Bruch zeigt immer Teile eines Ganzen. Hier kannst du bildhaft verdeutlichen, um welche Brüche es sich handelt.

1. Male die gesuchten Bruchteile aus. Benutze für jeden Bruch eine andere Farbe.
2. Schneide das Leporello entlang der Schneidelinien aus.
3. Falte die Kästchen an den Faltlinien zu einem Leporello. Achte darauf, dass sich das Deckblatt mit dem Titel ganz oben befindet.
4. Klebe das Brüche-Leporello an der Klebefläche in dein Lapbook.

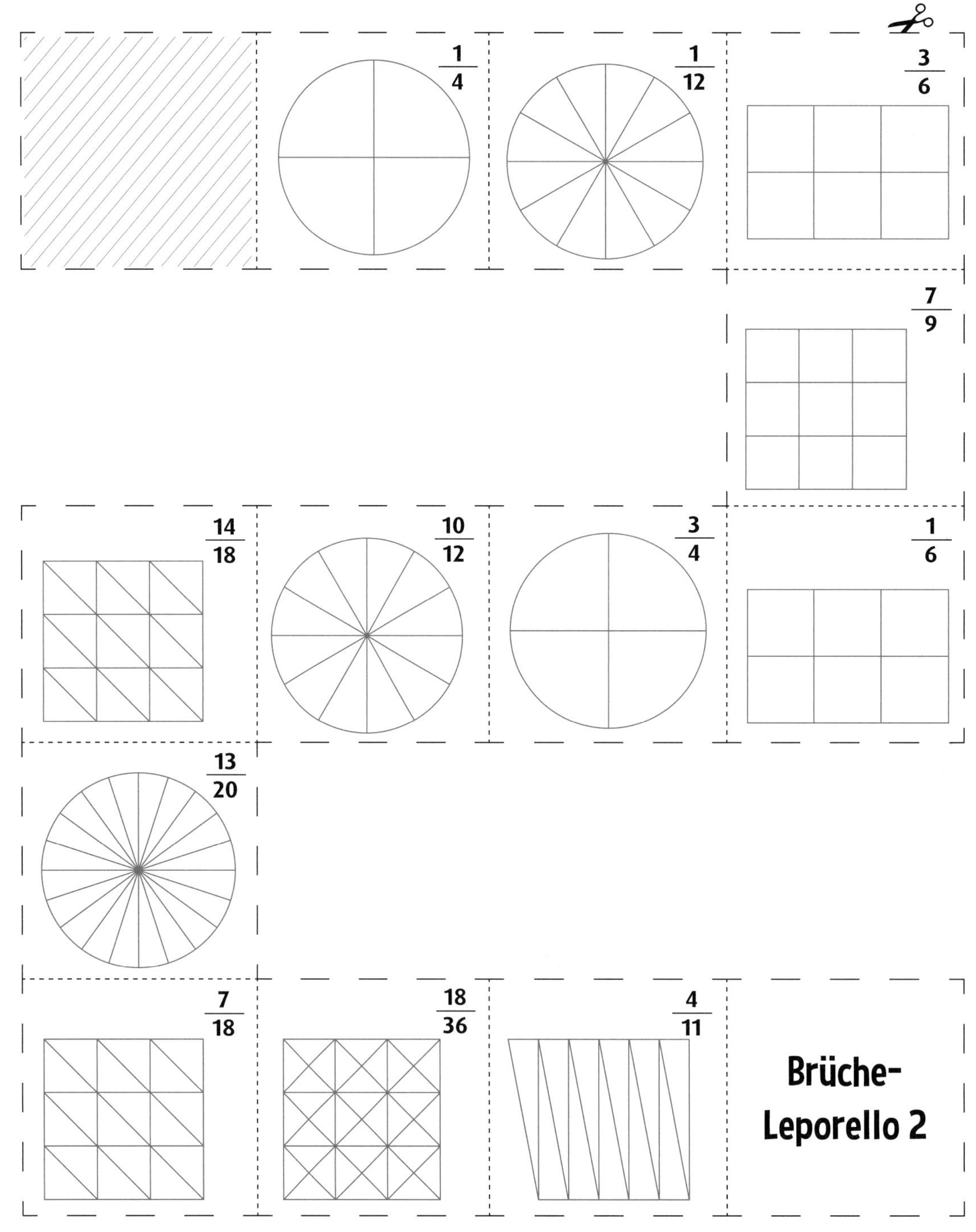

Domino mit Brüchen: Bruch für Bruch zum Schatz (1/2)

Folge dem Weg der Dominosteine und hole dir den Schatz!

1. Schneide die Dominosteine und die Schatztruhe entlang der Schneidelinien aus.
2. Falte alle vier Laschen der Schatztruhe um und klebe die Truhe an der Klebefläche in dein Lapbook.
3. Schneide die Abbildung mit dem Schatz aus und klebe sie in die Schatztruhe ein.
4. Schneide die gestrichelte Linie unterhalb des Schlüssellochs vorsichtig ein. So entsteht eine Lasche, die du zum Verschließen der Schatztruhe nutzen kannst.
5. Spiele das Domino allein oder mit einem Partner oder einer Partnerin.
6. Bewahre deine Dominosteine in der Schatztruhe auf.

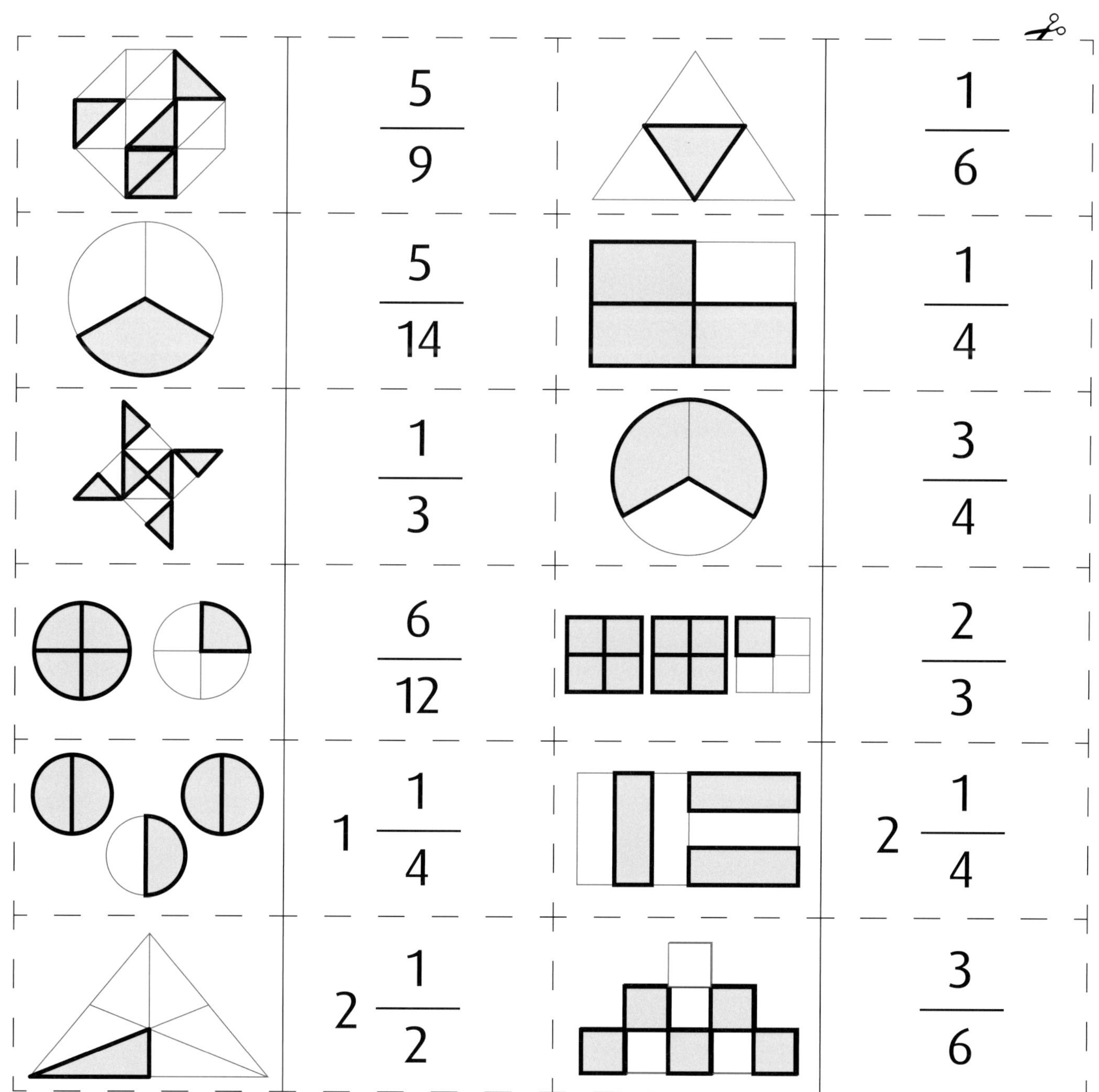

Domino mit Brüchen: Bruch für Bruch zum Schatz (2/2)

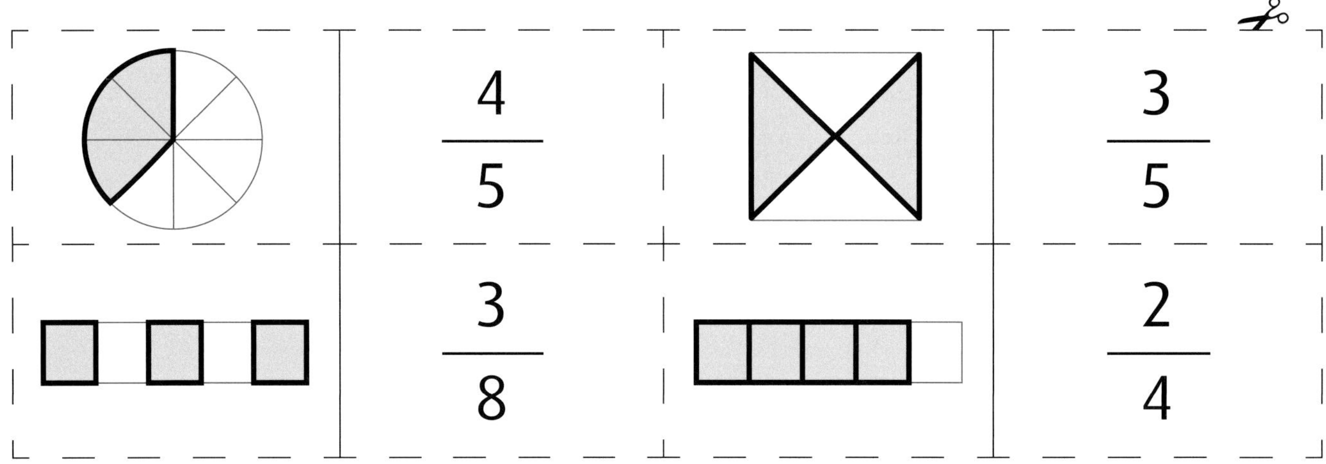

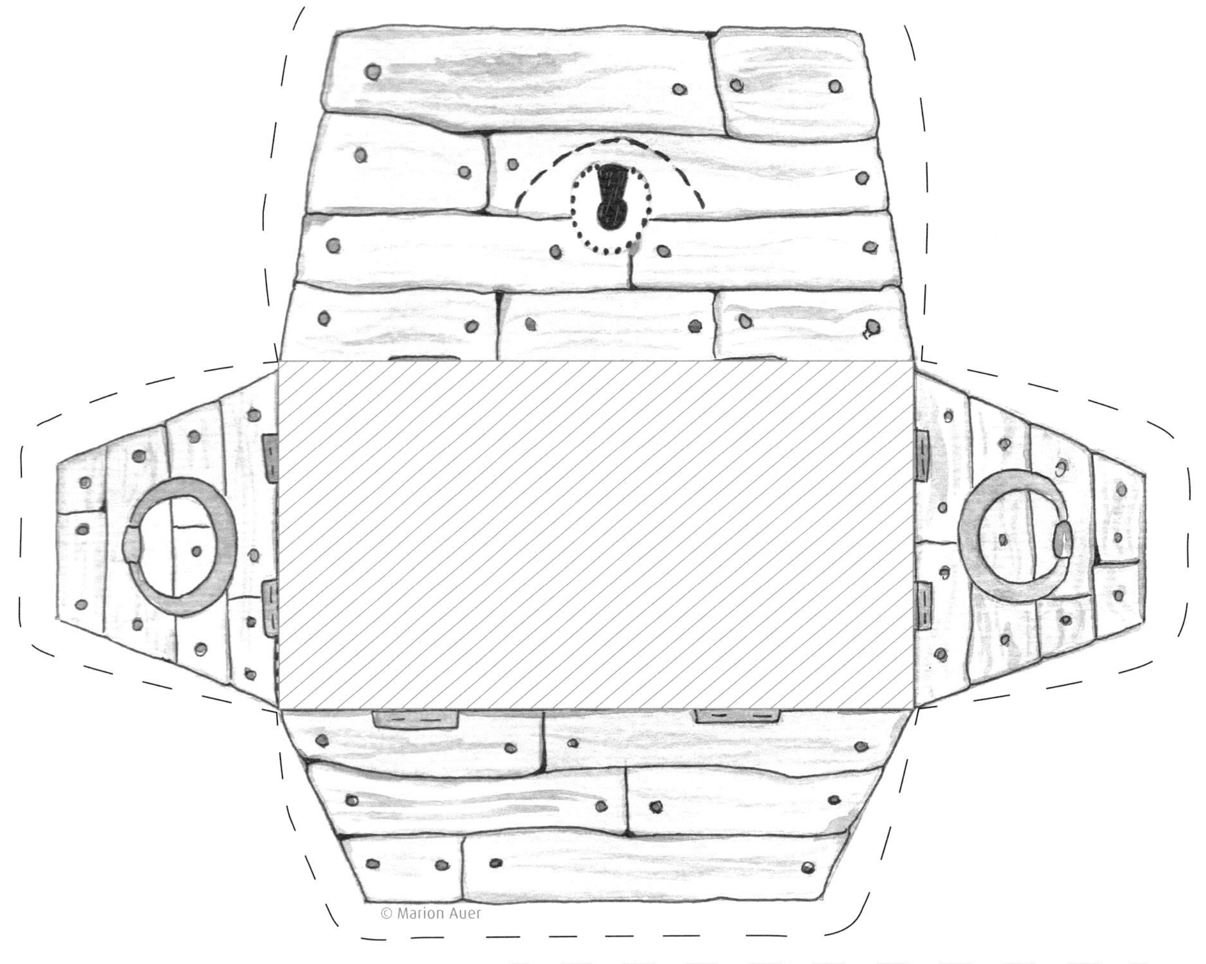

Quartett: Brüche in verschiedenen Variationen (1/2)

Ein Bruch hat viele mathematische Bedeutungen: Er kann das Verhältnis zweier ganzer Zahlen zueinander ausdrücken. Er kann Teile eines Ganzen darstellen. Und er kann in eine Dezimalzahl umgewandelt werden.

Mit diesem Quartett kannst du üben, die verschiedenen Bedeutungen von Brüchen zu erkennen.

1. Gestalte die Vorlagen farbig. Male dazu die Kärtchen jedes Quartettes in einer anderen Farbe an.
2. Schneide die Vorlage für die Aufbewahrungstasche und alle Quartettkarten entlang der Schneidelinien aus.
3. Falte die Klebeflächen an der Aufbewahrungstasche nach hinten. Klebe die Tasche an den Klebeflächen in dein Lapbook. Achte darauf, dass du die Tasche nicht zu straff anklebst, da sie sonst reißen wird.
4. Schneide nun vorsichtig einen kleinen Schlitz über der Hosentasche in dein Lapbook.
5. Lege alle Quartette nebeneinander hin. Ein volles Quartett besteht aus: **Verhältnis (1 zu 3), Bruch (1/4), bildliche Darstellung und Dezimalzahl (0,25).**
6. Spiele das Quartett allein oder mit einem Partner oder einer Partnerin.
7. Bewahre die Quartettkarten in der Tasche auf. Verschließe die Tasche mit einer Büroklammer.

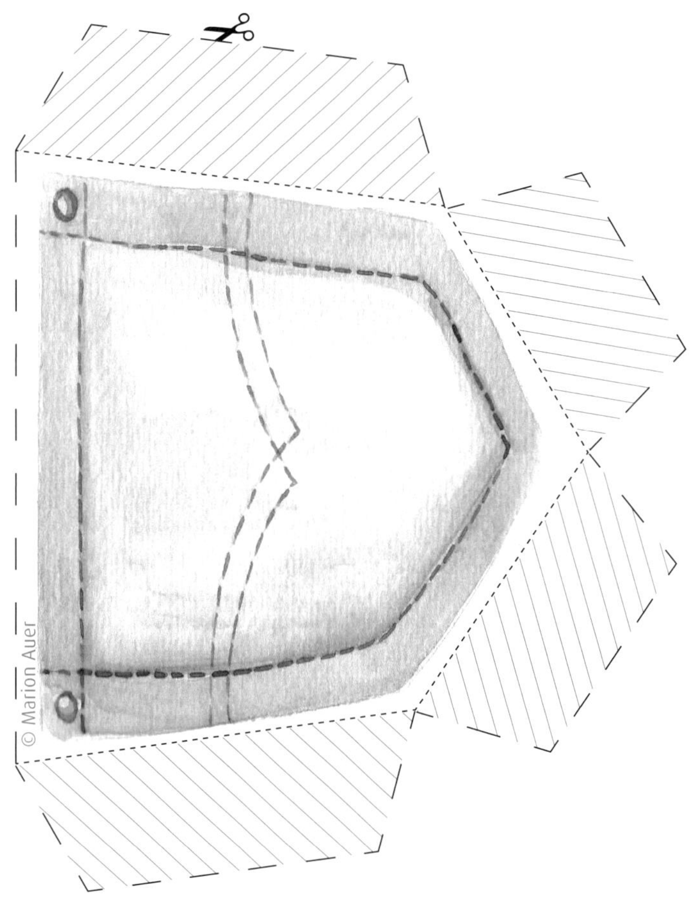

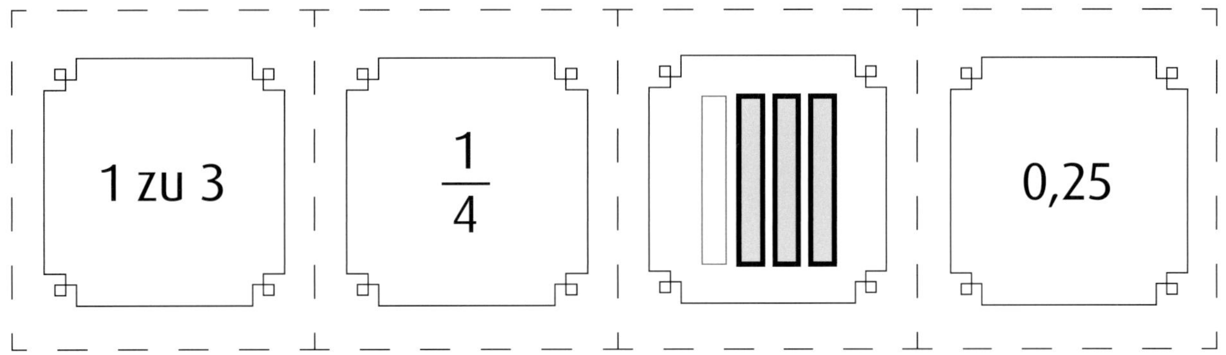

Quartett: Brüche in verschiedenen Variationen (2/2)

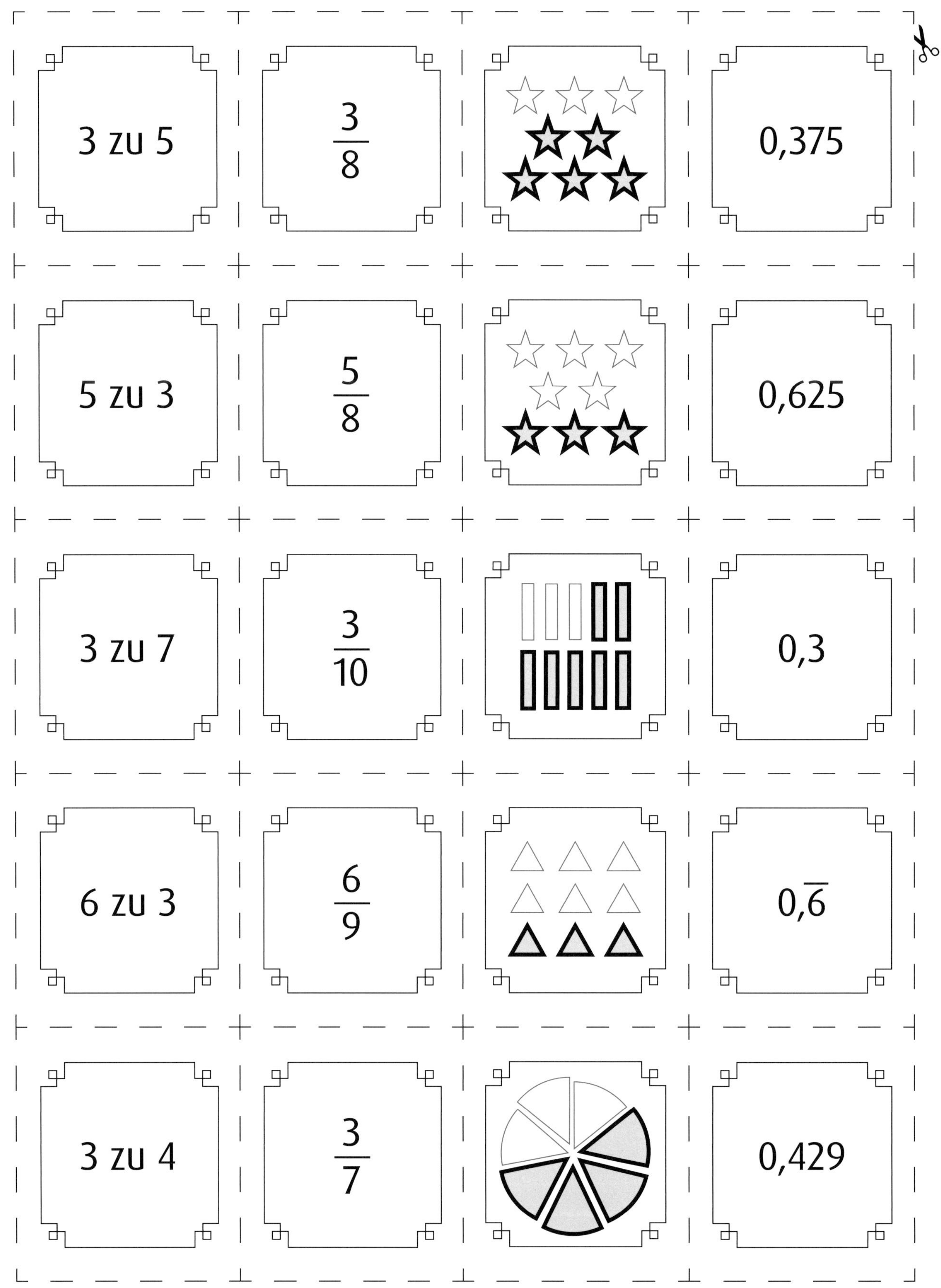

Wasserrohrbruch: Brüche kürzen und erweitern (1/2)

Um den Schlamassel nach dem Wasserrohrbruch zu beseitigen, musst du die Brüche auf den Wassertropfen kürzen und erweitern und in dem Eimer sammeln.

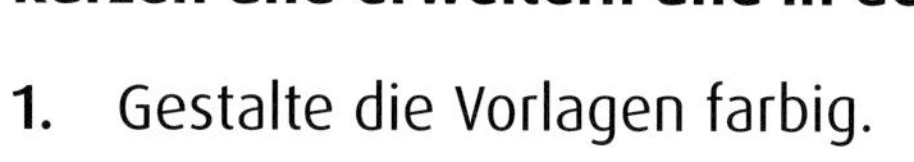

1. Gestalte die Vorlagen farbig.
2. Schneide die Faltvorlage mit dem Eimer und alle Wassertropfen entlang der Schneidelinien aus.
3. Falte an der Vorlage mit dem Eimer zunächst die Laschen und erst dann den Eimer an den Faltlinien nach hinten.
4. Klebe die entstandene Tasche nun an der Klebefläche in dein Lapbook.
5. Löse die Aufgaben auf den großen Wassertropfen.
6. Suche die passenden kleinen Tropfen mit den Ergebnissen und klebe sie auf die Rückseiten der großen Wassertropfen mit den Aufgaben.
7. Bewahre alle Wassertropfen im Eimer auf.

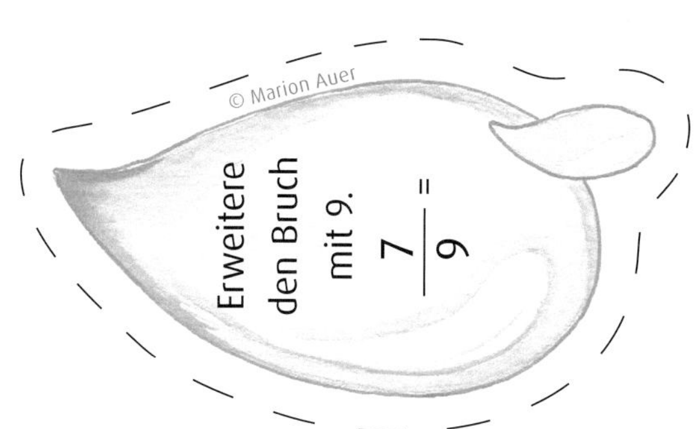

Wie lautet der fehlende Zähler? $\frac{7}{9} = \frac{\square}{27}$

© Marion Auer

Erweitere, sodass der Nenner 64 lautet. $\frac{9}{8} =$

Wie lautet der fehlende Zähler? $\frac{2}{7} = \frac{\square}{28}$

Erweitere den Bruch mit 5. $\frac{3}{4} =$

Wie lautet der fehlende Nenner? $\frac{3}{4} = \frac{15}{\square}$

Kürze den Bruch mit 2. $\frac{16}{22} =$

Kürze so weit wie möglich. $\frac{21}{56} =$

Wie lautet der fehlende Nenner? $\frac{8}{18} = \frac{24}{\square}$

Kürze so weit wie möglich. $\frac{40}{50} =$

Wasserrohrbruch: Brüche kürzen und erweitern (2/2)

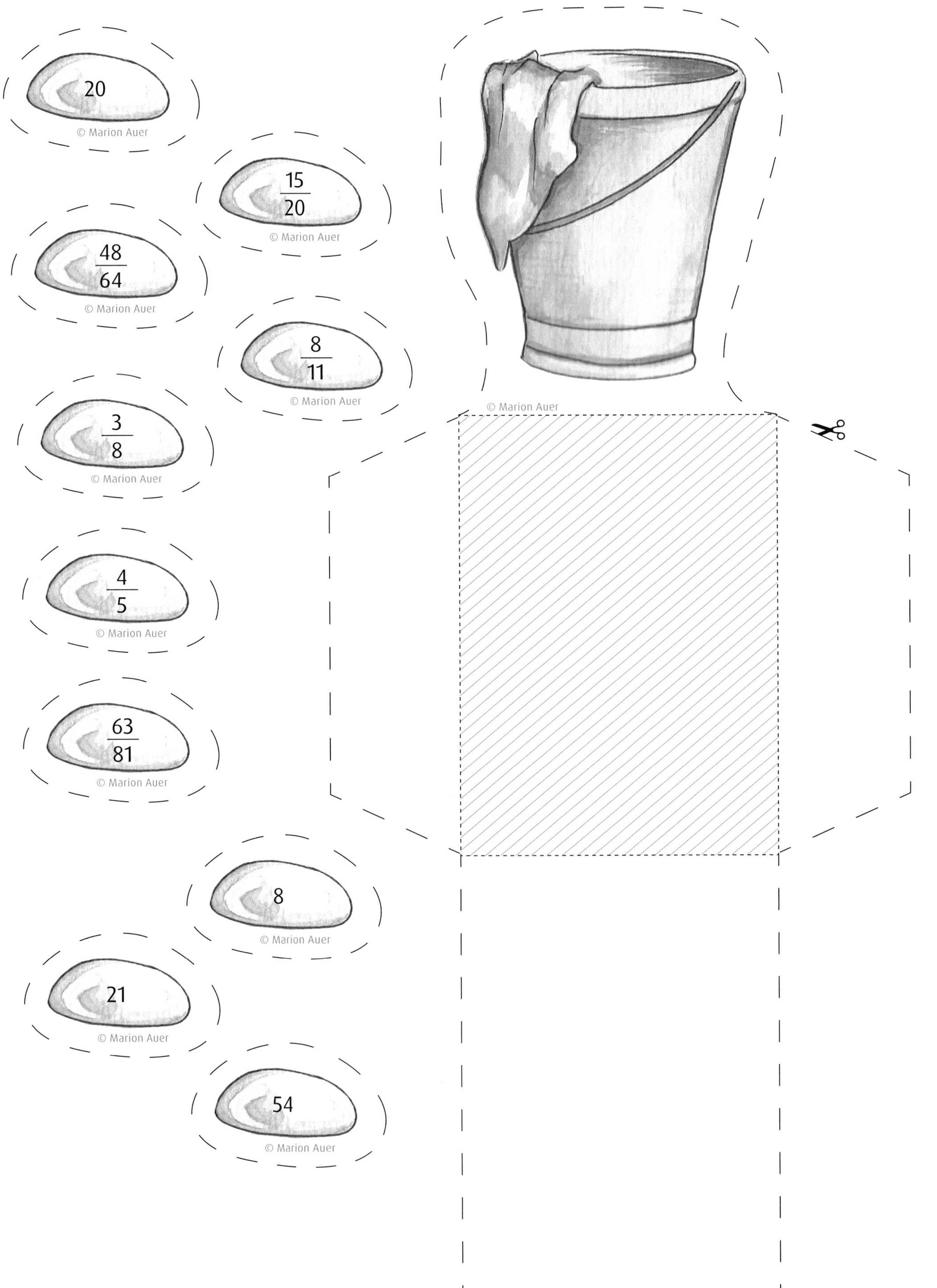

Rechenkärtchen: Brüche addieren und subtrahieren

In die Addition und Subtraktion von Brüchen kannst du mit diesen Rechenkärtchen locker einsteigen.

1. Schneide alle Rechenkärtchen entlang der Schneidelinien aus.
2. Gestalte jedes Kärtchen bunt und berechne auf der Rückseite die Aufgaben.
3. Nutze das leere Kärtchen, um eine eigene Aufgabe zu erfinden.
4. Gestalte das Titelblatt.
5. Hefte mit einem Tacker alle Rechenkärtchen zu einem Heftchen zusammen und klebe es dann in dein Lapbook. Achte darauf, dass das Deckblatt ganz oben liegt.

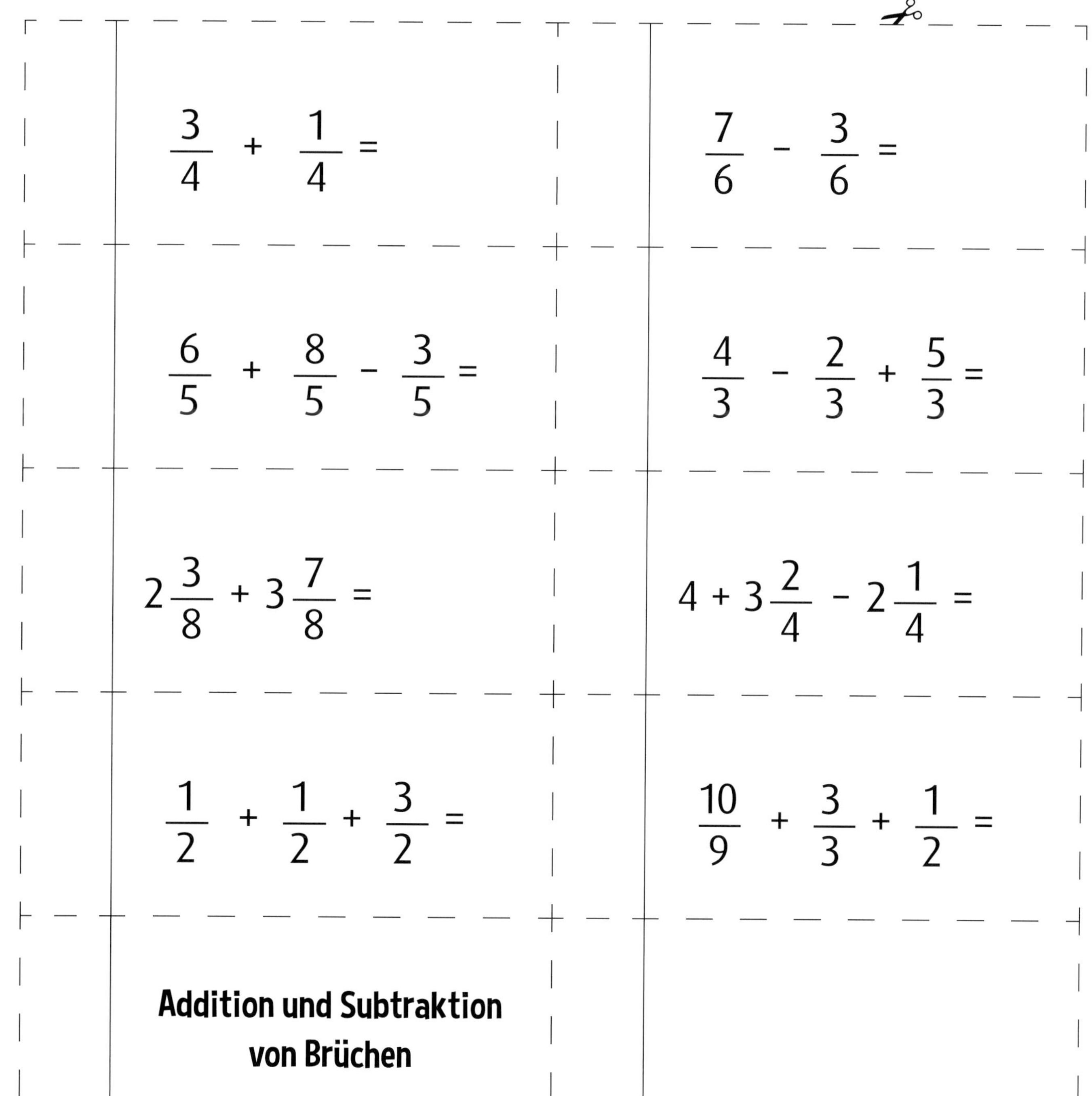

Glas-Container: Einen Bruch mit einer natürlichen Zahl multiplizieren (1/2)

Einen Bruch und mit einer ganzen Zahl zu multiplizieren, scheint auf den ersten Blick kompliziert zu sein. Übe es mit den zerbrochenen Glasflaschen.

1. Gestalte den Glas-Container farbig.
2. Schneide die Vorlage für den Container entlang der Schneidelinien aus.
3. Falte zuerst die drei Laschen und danach den Container an der Faltlinie nach hinten.
4. Klebe den Glas-Container an der Klebefläche in dein Lapbook.
5. Verklebe dann die untere und die seitliche Lasche mit der Rückseite der Container-Abbildung. Die obere Lasche bleibt frei beweglich. Mit ihr kannst du den Container verschließen.
6. Schneide alle zerbrochenen Glasflaschen aus. Schneide sie an den Schneidelinien auseinander.
7. Mische alle zerbrochenen Glasflaschen.
8. Finde nun die richtigen Lösungen zu den Aufgaben, indem du die passenden Glasflaschen zusammenlegst.
9. Bewahre deine Glasflaschen im Glas-Container auf.

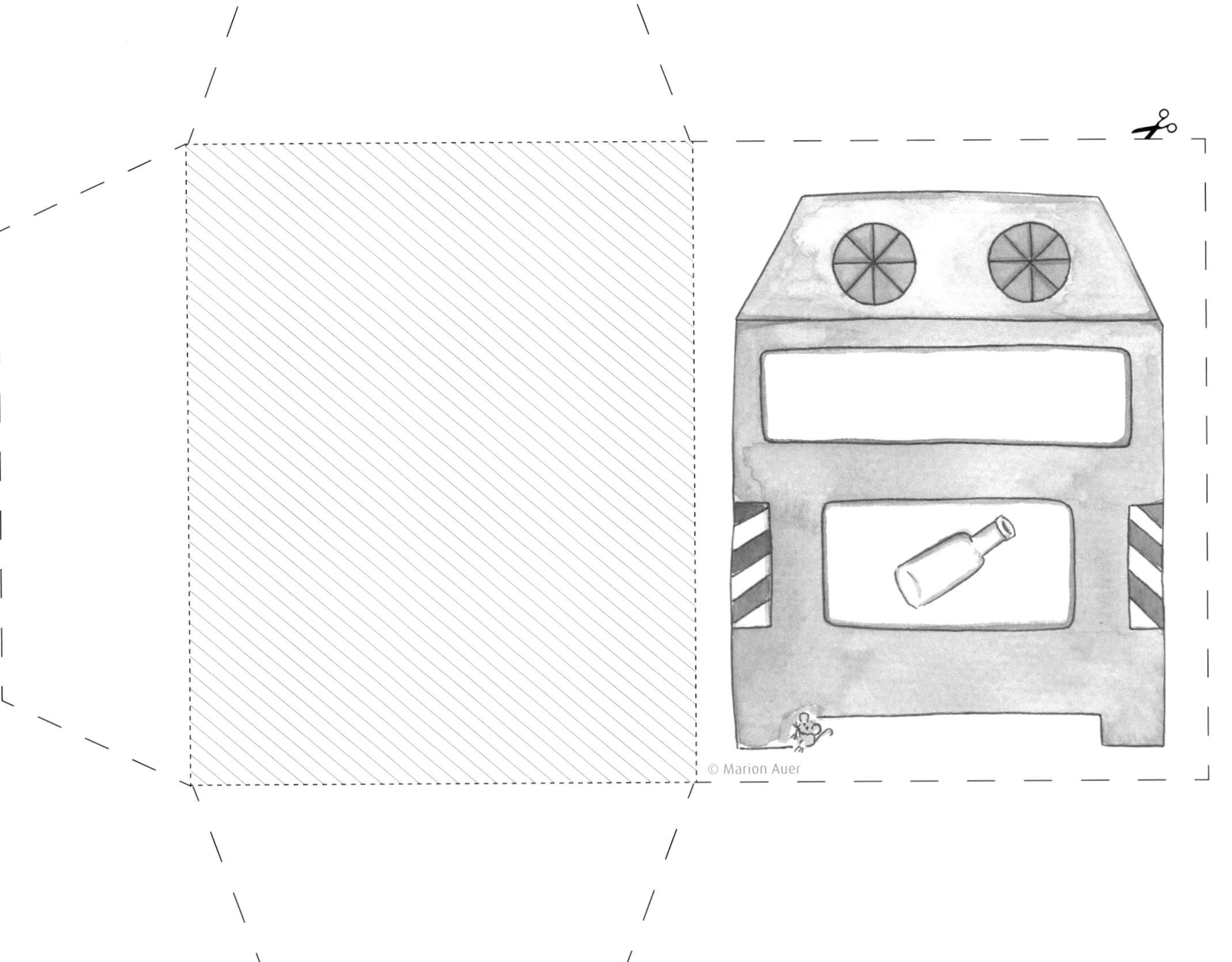

Glas-Container: Einen Bruch mit einer natürlichen Zahl multiplizieren (2/2)

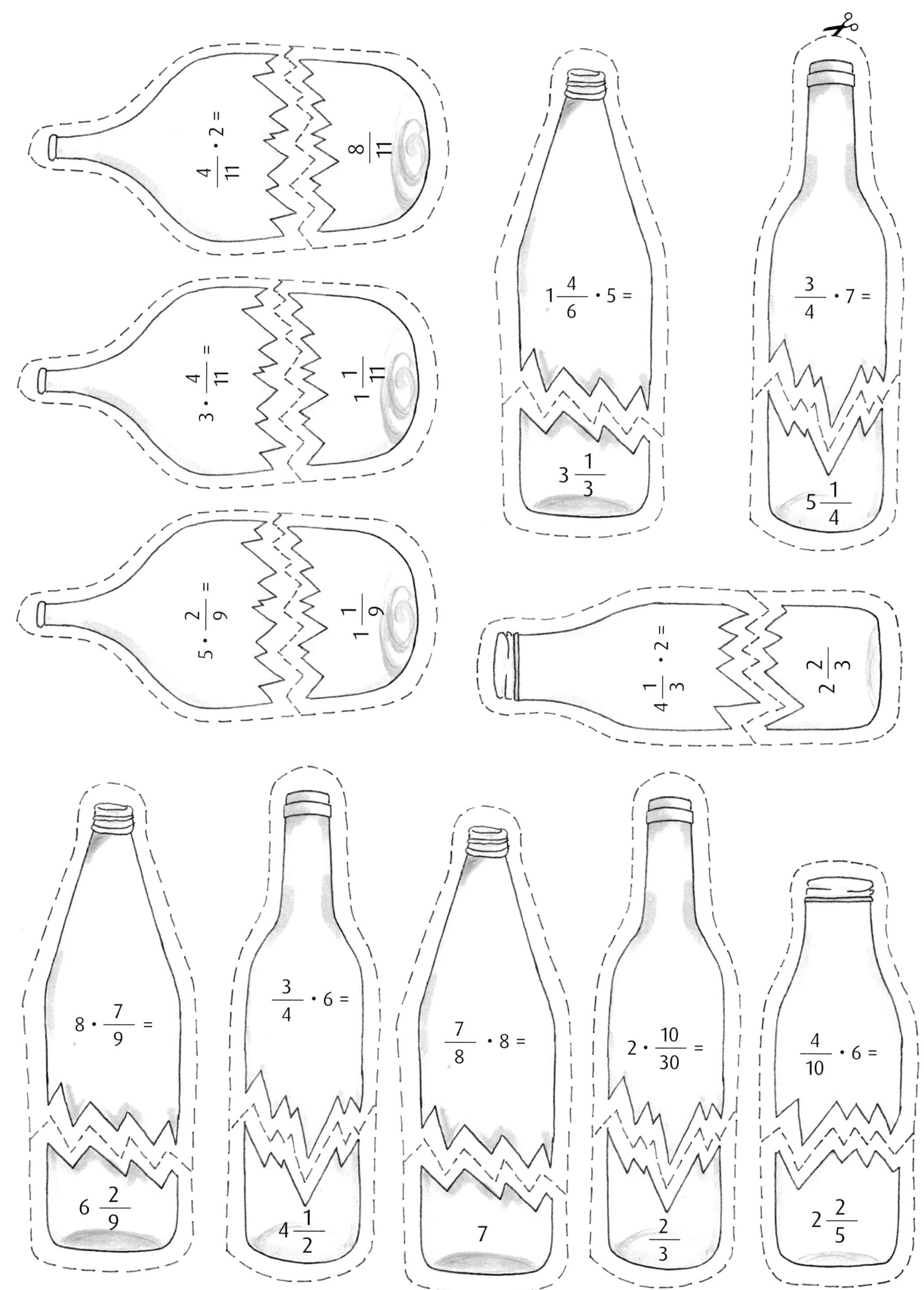

Pizza auf dem Drehteller: Brüche miteinander multiplizieren (1/2)

Ob du im Multiplizieren von Brüchen fit bist, zeigt dir die Pizza auf dem Drehteller.

1. Gestalte die Vorlage mit der Pizza bunt. Auch den Teller mit den Ergebnissen kannst du bunt ausmalen.
2. Schneide alle drei Vorlagen entlang der Schneidelinien aus.
3. Stich mit einem spitzen Stift alle drei Vorlagen durch den Mittelpunkt durch.
4. Suche dir in deinem Lapbook einen passenden Platz für die Pizza und stich auch dort mit dem Stift ein kleines Loch in das Papier.
5. Führe zuerst eine Musterbeutelklammer durch den kleinsten Kreis (Pizza), dann durch den mittleren Kreis (Teller) und erst dann durch den Kreis mit den Aufgaben.
6. Sind die Kreise in der richtigen Reihenfolge (Pizza liegt auf dem Teller), kannst du die Drehscheiben mithilfe der Musterbeutelklammer in dein Lapbook heften.
7. Löse nun die Aufgaben, die sich unter dem Teller befinden. Drehe hierfür den Teller.
8. Kontrolliere deine Ergebnisse, indem du die Pizza drehst.

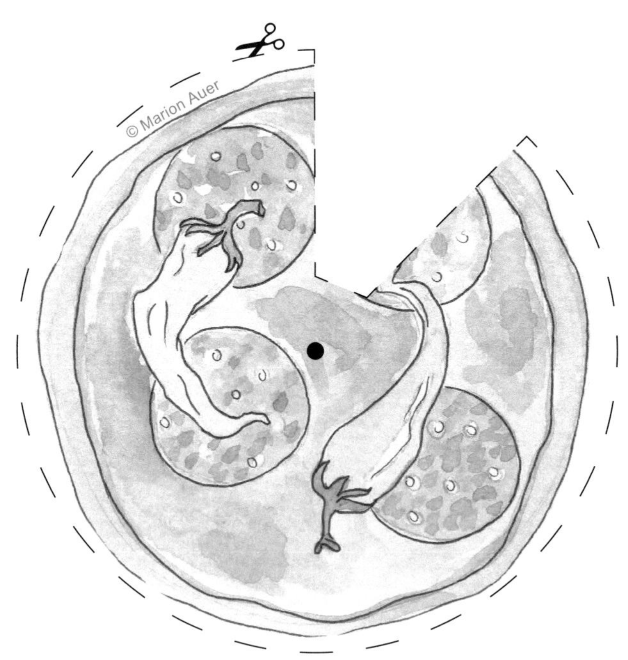

Pizza auf dem Drehteller: Brüche miteinander multiplizieren (2/2)

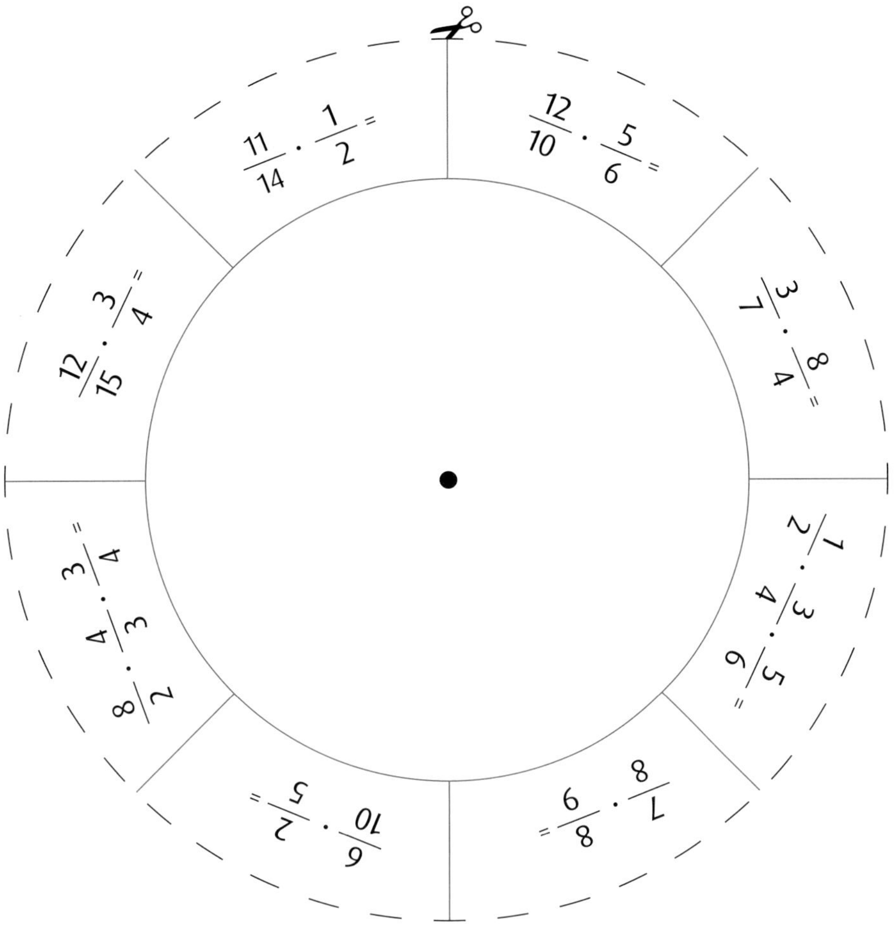

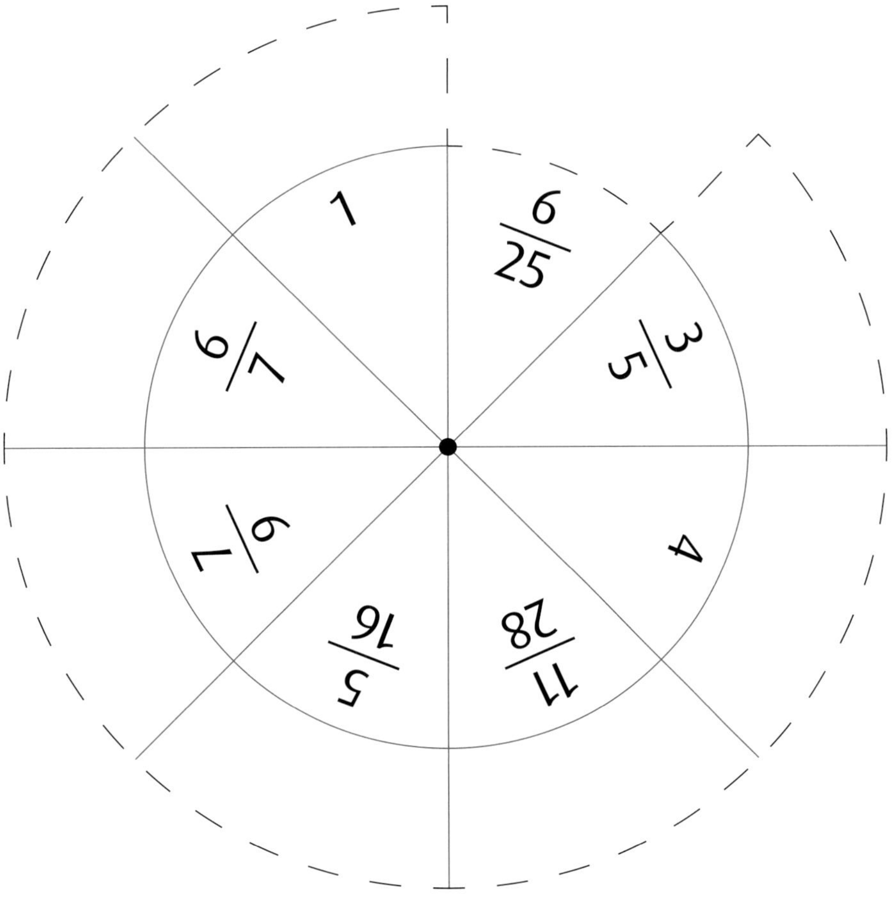

$\frac{12}{10} \cdot \frac{5}{6} =$

$\frac{3}{7} \cdot \frac{8}{4} =$

$\frac{1}{2} \cdot \frac{3}{4} \cdot \frac{5}{6} =$

$\frac{8}{7} \cdot \frac{6}{8} =$

$\frac{10}{9} \cdot \frac{5}{2} =$

$\frac{8}{2} \cdot \frac{4}{3} \cdot \frac{3}{4} =$

$\frac{12}{15} \cdot \frac{3}{4} =$

$\frac{11}{14} \cdot \frac{1}{2} =$

$\frac{6}{25}$

$\frac{3}{5}$

4

$\frac{11}{28}$

$\frac{5}{16}$

$\frac{6}{7}$

$\frac{6}{7}$

1

Klappbuch: Brüche durch Brüche dividieren

Wie gut du die Division von Brüchen beherrschst, kannst du in diesem Klappbuch dokumentieren.

1. Schneide das Klappbuch entlang der Schneidelinien aus.
2. Schneide die kleinen Pfeile mit den Ergebnissen aus.
3. Löse die Aufgaben, die auf den Pfeilen links am Klappbuch stehen. Nutze für deine Rechnungen die Flächen in der Mitte des Klappbuches.
4. Klebe dann die richtigen Ergebnisse an der Klebefläche rechts am Klappbuch in Höhe der passenden Aufgaben.
5. Falte zum Schluss alle Pfeile mit Aufgaben und Lösungen zur Mitte.

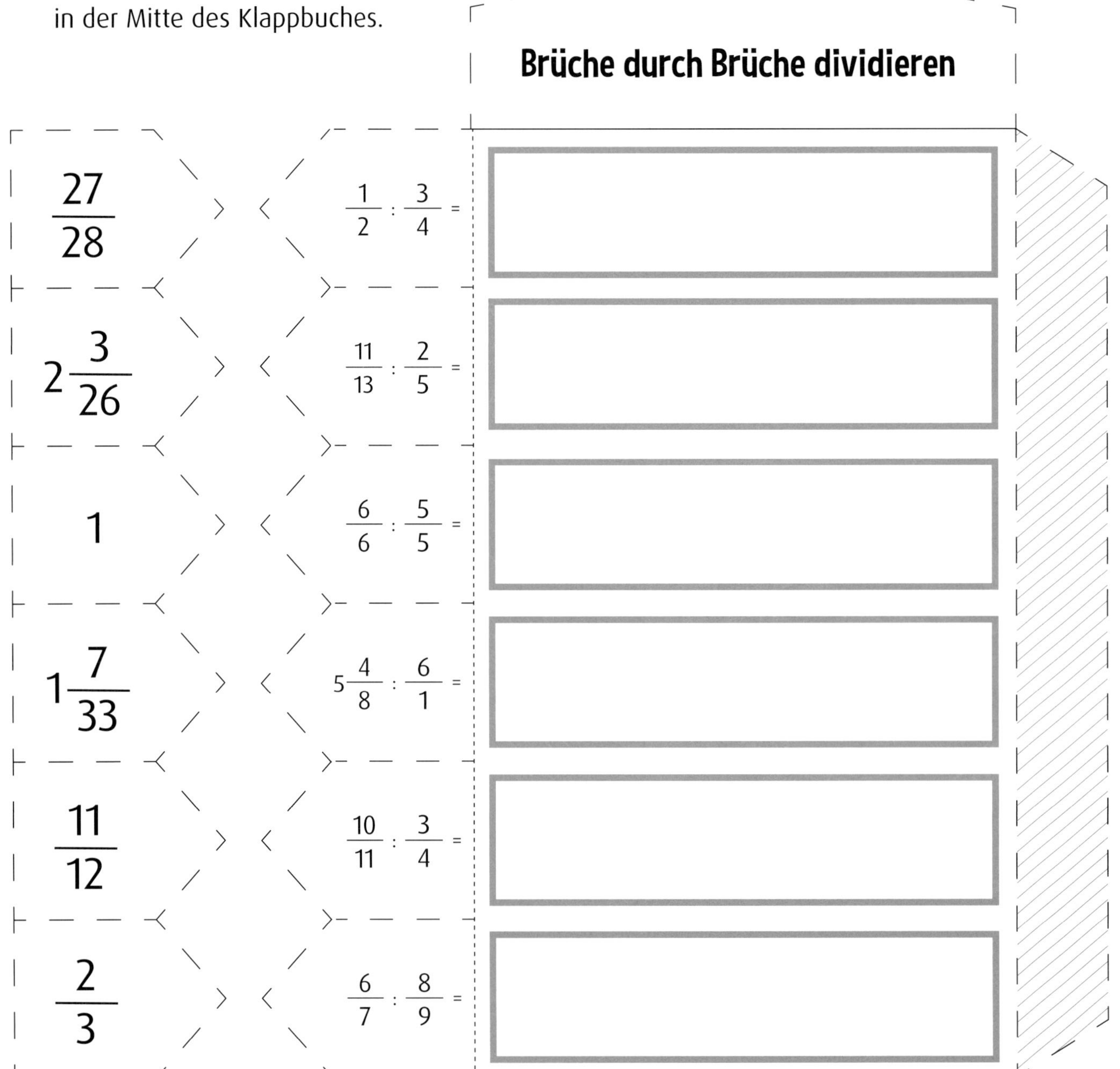

Knochenbrüche: Bruchrechnen mit den vier Grundrechenarten (1/2)

Wie fit bist du beim Bruchrechnen mit den vier Grundrechenarten?
Kannst du alle Knochenbrüche wieder richten?

1. Gestalte die Vorlagen farbig. Die Knochen kannst du natürlich auch weiß lassen.
2. Schneide die Faltvorlage für den Krankenwagen entlang der Schneidelinien aus.
3. Falte zunächst die drei kleinen Laschen an der Vorlage um und dann die große Lasche mit dem Fahrzeug.
4. Klebe die entstandene Tasche an der Klebefläche in dein Lapbook.
5. Schneide alle Knochen aus und mische sie gut durch.
6. Löse nun die Aufgaben und finde die richtigen Knochenpaare.
7. Bewahre die Knochenbrüche in dem Rettungswagen auf.

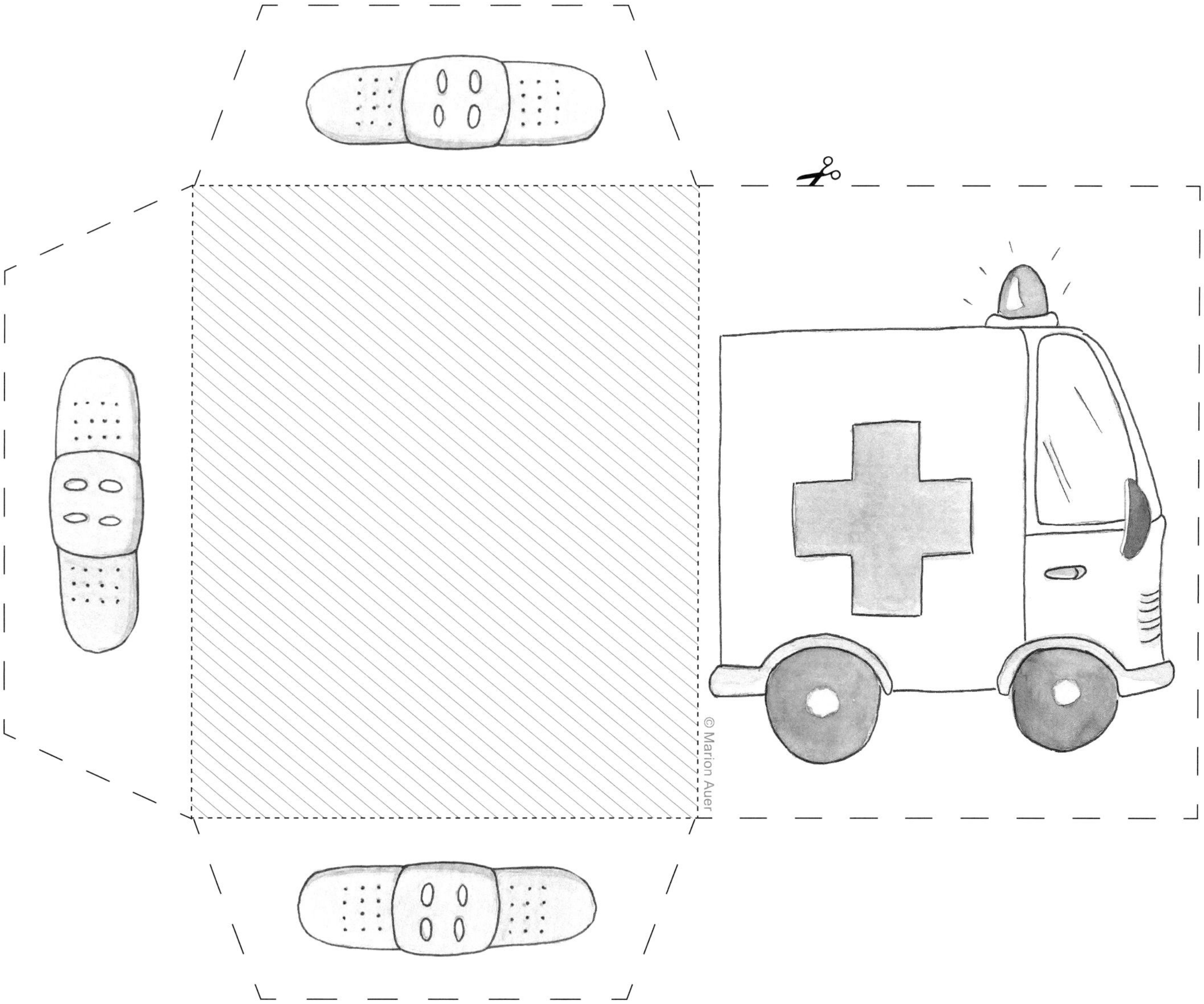

© Marion Auer

Knochenbrüche: Bruchrechnen mit den vier Grundrechenarten (2/2)

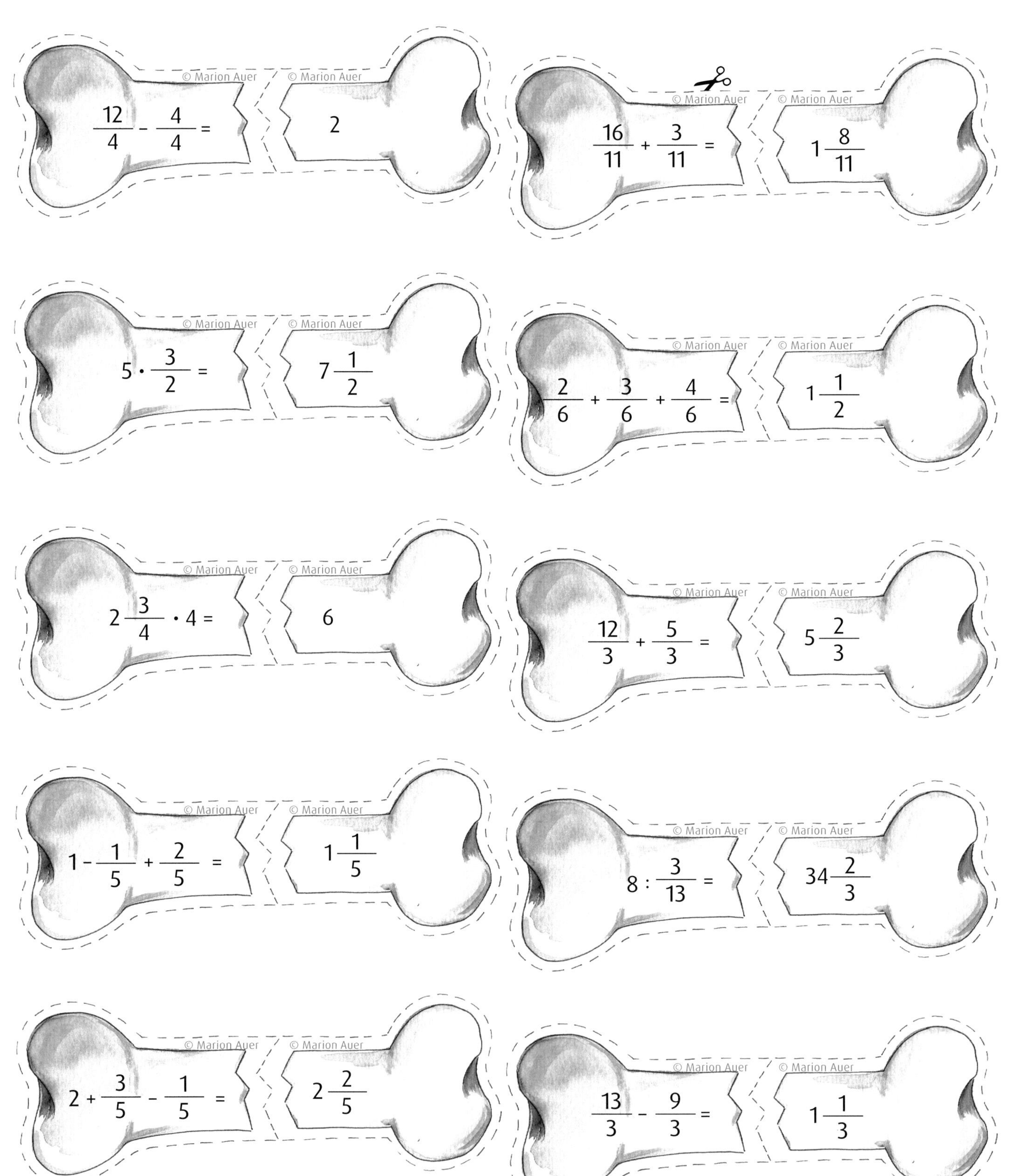

Steinbruch: Brüche in Dezimalzahlen umwandeln (1/2)

Jeder Bruch lässt sich auch als Dezimalzahl darstellen. Übe das Umwandeln von Brüchen in Dezimalzahlen anhand der Felsbrocken, die aus dem Steinbruch herausgebrochen sind.

1. Gestalte den Steinbruch farbig.
2. Schneide alle Vorlagen entlang der Schneidelinien aus.
3. Klebe den Felsen an der Klebefläche in dein Lapbook.
4. Klebe nun den Steinbruch mit der Klebefläche hinter den Felsen.
5. Falte die kleinen Steine an den Faltlinien und klebe jeweils beide Steinseiten aufeinander.
6. Wandle die Brüche auf den Steinen in Dezimalzahlen um und schreibe die Ergebnisse auf die Rückseiten. Vergleiche die Ergebnisse mit einem Partner oder einer Partnerin.
7. Ordne die Brüche im Steinbruch entlang der Kante der Größe nach an: links der Bruch mit dem größten Ergebnis, nach rechts immer kleiner werdende Brüche. Kontrolliere deine Reihenfolge anhand der Dezimalzahlen auf den Rückseiten der Steine.
8. Befestige zur Aufbewahrung die Steine mit einer Büroklammer an dem großen Felsen.

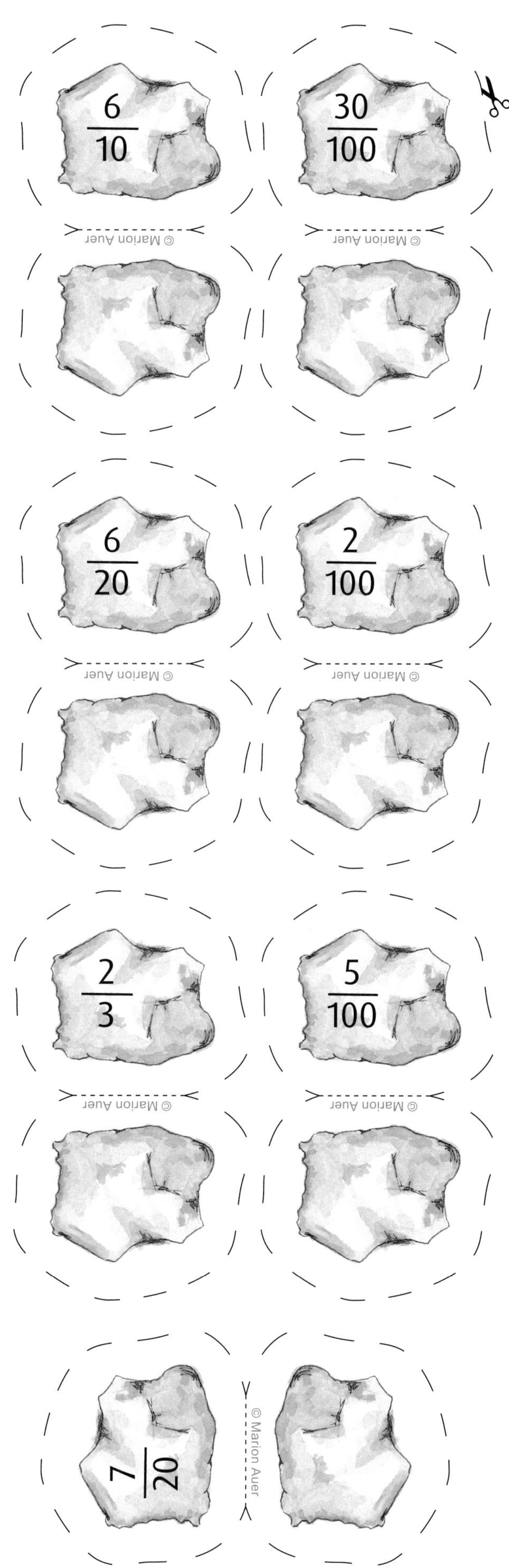

Steinbruch: Brüche in Dezimalzahlen umwandeln (2/2)

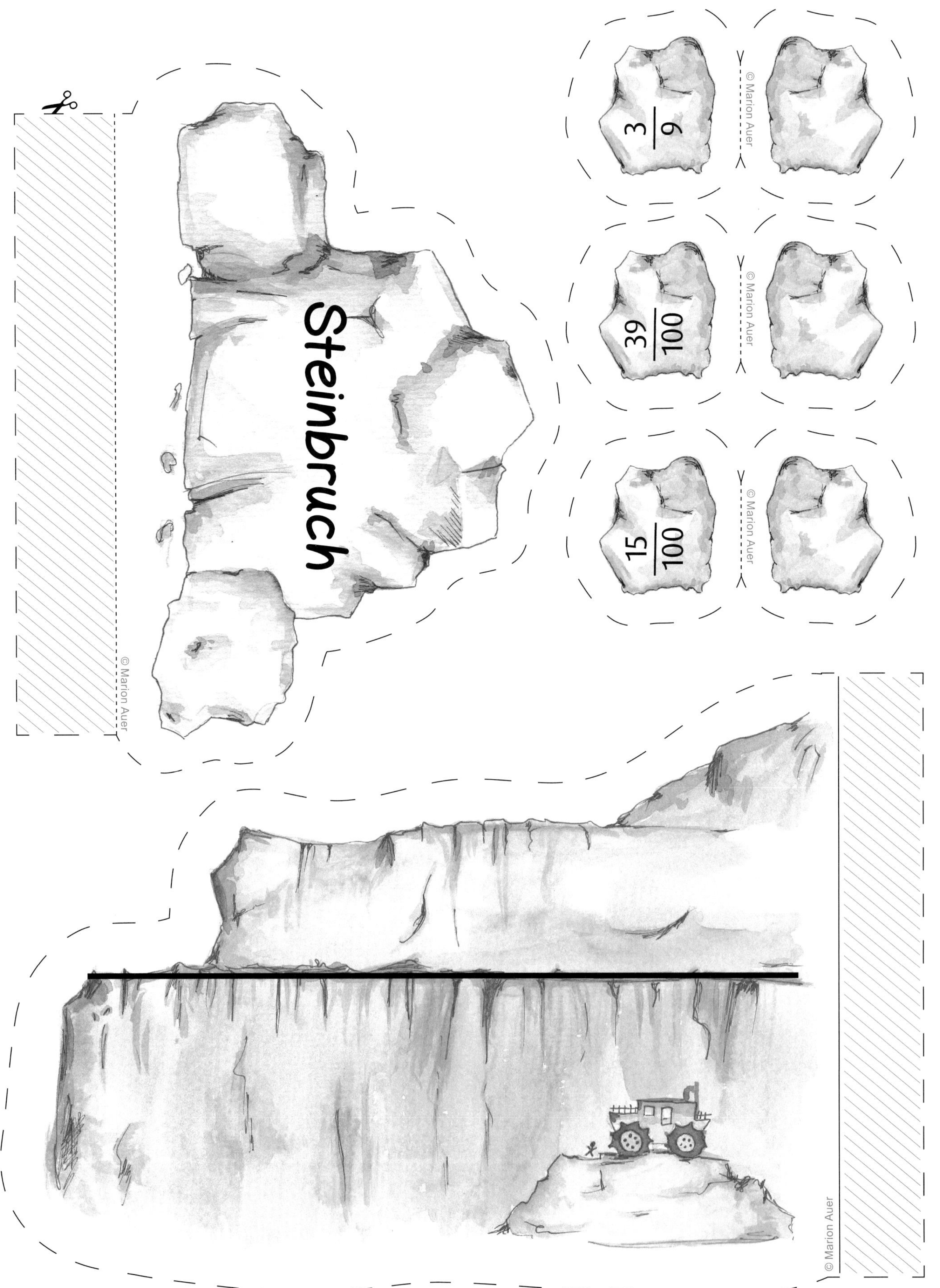

Sonnenblumen: Brüche in Dezimalzahlen umwandeln

Mit der Sonnenblume kannst du das Umwandeln von Brüchen in Dezimalzahlen und Dezimalzahlen in Brüche noch einmal üben.

1. Gestalte die Sonnenblume farbig.
2. Schneide die Sonnenblume entlang der Schneidelinien aus.
3. Schneide die Blütenblätter an den Schneidelinien ein, sodass sie sich umklappen lassen.
4. Falte alle Blütenblätter zur Mitte hin.
5. Klebe die Sonnenblume mit ihrer Rückseite in dein Lapbook.
6. Wandle nun die Brüche auf den Blütenblättern in Dezimalzahlen bzw. die Dezimalzahlen in Brüche um.
7. Vergleiche deine Ergebnisse mit den Lösungen auf den Kärtchen.
8. Klebe auf die Rückseiten der Blütenblätter die Kärtchen mit den Ergebnissen auf.

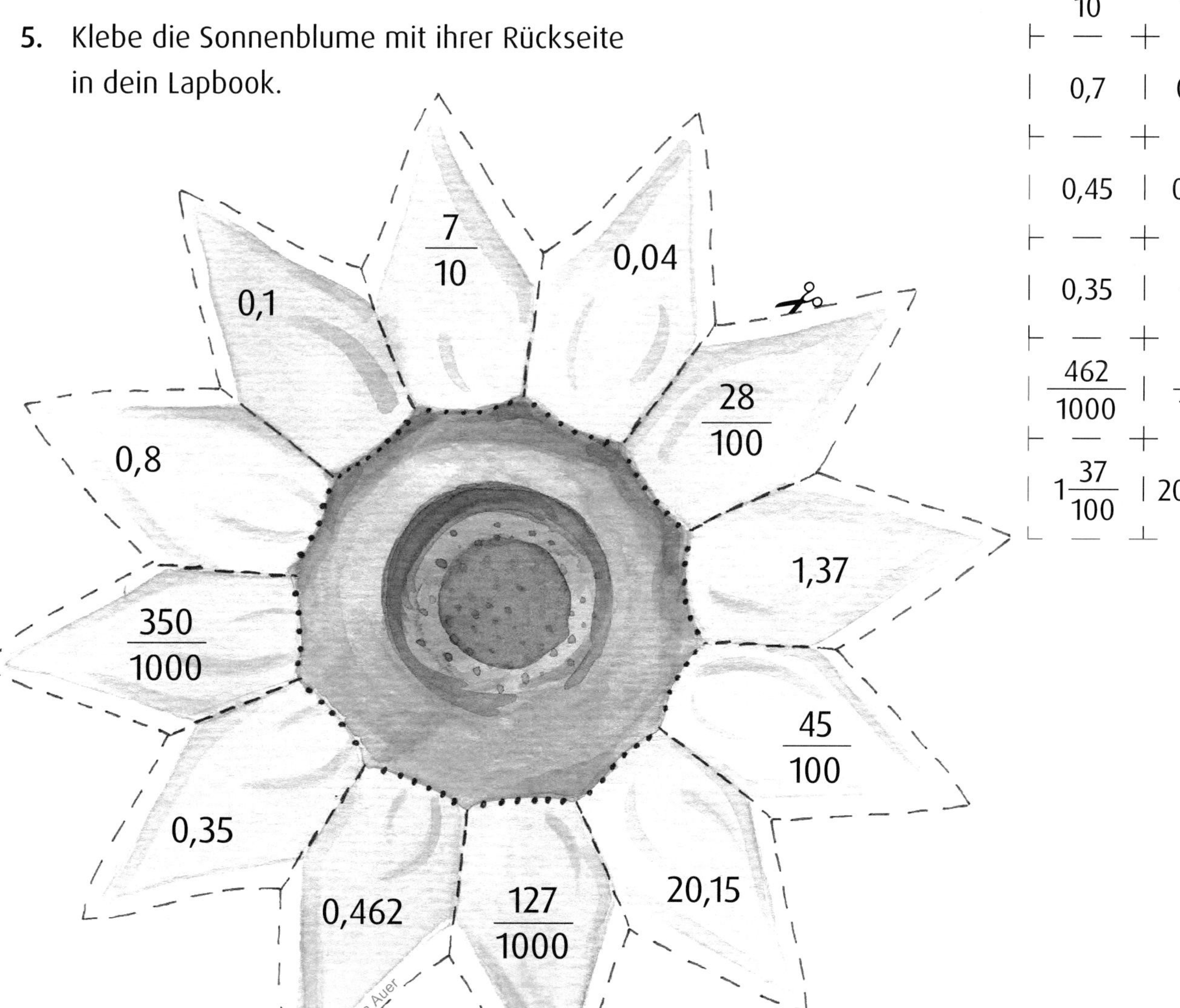

$\frac{1}{10}$	$\frac{4}{100}$
0,7	0,28
0,45	0,127
0,35	$\frac{8}{10}$
$\frac{462}{1000}$	$\frac{35}{100}$
$1\frac{37}{100}$	$20\frac{15}{100}$

Zahlenstrahl: Brüche vergleichen und der Größe nach ordnen (1/2)

Brüche mit unterschiedlichen Nennern miteinander zu vergleichen, ist knifflig. Um sie vergleichen zu können, musst du die Brüche durch Kürzen oder Erweitern auf einen Nenner bringen, d.h. sie gleichnamig machen.

Übe das Vergleichen von Brüchen mit dem Zahlenstrahl.

1. Vervollständige den Zahlenstrahl, indem du die noch fehlenden Zahlen einträgst.
2. Schneide den Zahlenstrahl und die kleinen Schieber aus.
3. Gestalte alles farbig.
4. Schneide an den kleinen Schiebern vorsichtig die Spitzen entlang der gestrichelten Linien ein.
5. Klebe nun den Zahlenstrahl zu einem Drittel an dem nicht spitzen Ende waagerecht in dein Lapbook.
6. Falte den Zahlenstrahl an den beiden Faltlinien, um ihn im Lapbook platzsparend aufbewahren zu können.
7. Schneide die Aufgabenkärtchen zunächst nur entlang der dick gestrichelten Linie aus.
8. Falte dann die Aufgabenkärtchen an der Faltlinie und klebe sie zusammen. Nun befinden sich alle Lösungen auf der Rückseite der Aufgaben.
9. Schneide alle Aufgabenkärtchen aus.
10. Klebe die Aufgabenkärtchen an der Klebefläche zu einem Buch zusammen.
11. Klebe das Buch in dein Lapbook (am besten unter deinen Zahlenstrahl).
12. Löse nun die Aufgaben, indem du die Pfeile am Zahlenstrahl richtig zuordnest. Vergleiche deine Ergebnisse mit den Lösungen auf den Rückseiten der Aufgabenkärtchen.
13. Bewahre die Pfeile mithilfe einer Büroklammer am zusammengefalteten Zahlenstrahl auf.

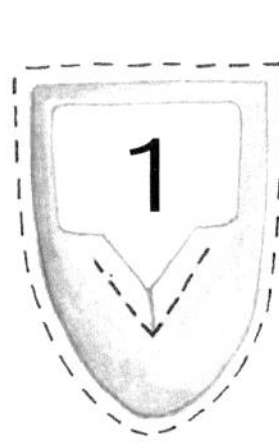

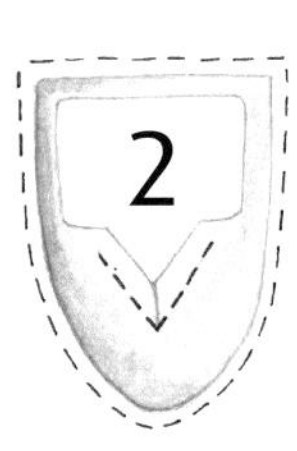

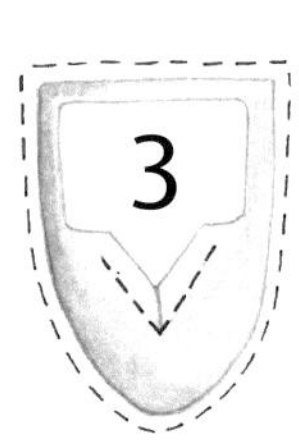

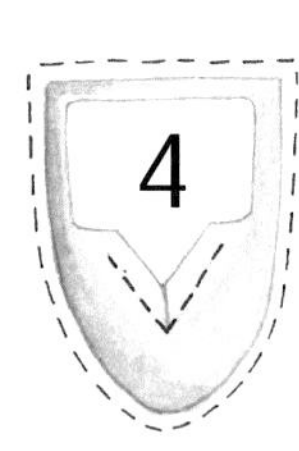

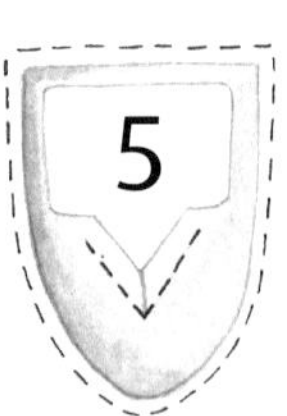

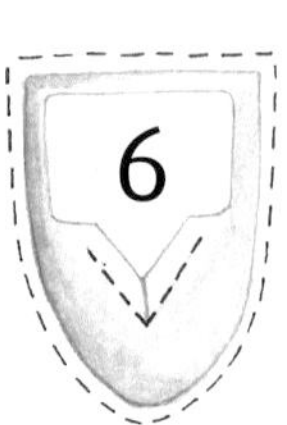

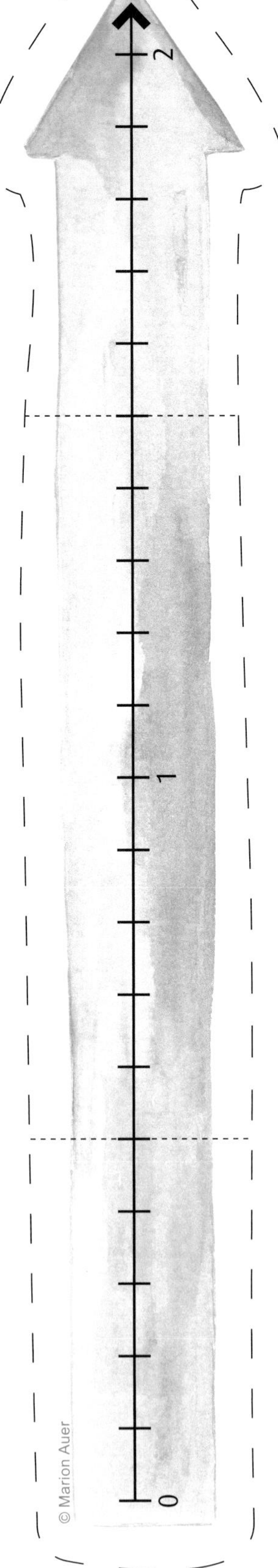

Zahlenstrahl: Brüche vergleichen und der Größe nach ordnen (2/2)

1. Stelle die gegebenen Brüche auf dem Zahlenstrahl dar:

1. $\frac{1}{2}$, **2.** $\frac{2}{4}$, **3.** $\frac{10}{20}$, **4.** $\frac{4}{8}$, **5.** $\frac{50}{100}$, **6.** $\frac{3}{6}$

2. Stelle die gegebenen Brüche auf dem Zahlenstrahl dar:

1. $\frac{1}{3}$, **2.** $\frac{2}{4}$, **3.** $\frac{3}{4}$, **4.** $\frac{2}{3}$, **5.** $\frac{5}{5}$, **6.** $\frac{9}{10}$

3. Stelle die gegebenen Brüche auf dem Zahlenstrahl dar:

1. $1\frac{1}{2}$, **2.** $1\frac{1}{4}$, **3.** $\frac{1}{3}$, **4.** $\frac{4}{3}$, **5.** $\frac{9}{10}$, **6.** $\frac{1}{5}$

4. Stelle die gegebenen Brüche auf dem Zahlenstrahl dar:

1. $\frac{1}{2}$, **2.** $\frac{1}{4}$, **3.** $1\frac{3}{5}$, **4.** $1\frac{3}{4}$, **5.** $\frac{8}{4}$, **6.** $\frac{9}{10}$

5. Stelle die gegebenen Brüche auf dem Zahlenstrahl dar:

1. $\frac{3}{2}$, **2.** $\frac{3}{4}$, **3.** $\frac{3}{8}$, **4.** $\frac{3}{9}$, **5.** $\frac{3}{5}$, **6.** $\frac{3}{6}$

6. Stelle die gegebenen Brüche auf dem Zahlenstrahl dar:

1. $1\frac{1}{4}$, **2.** $\frac{5}{8}$, **3.** $\frac{1}{2}$, **4.** $\frac{3}{4}$, **5.** $\frac{16}{10}$, **6.** $1\frac{4}{5}$

5.

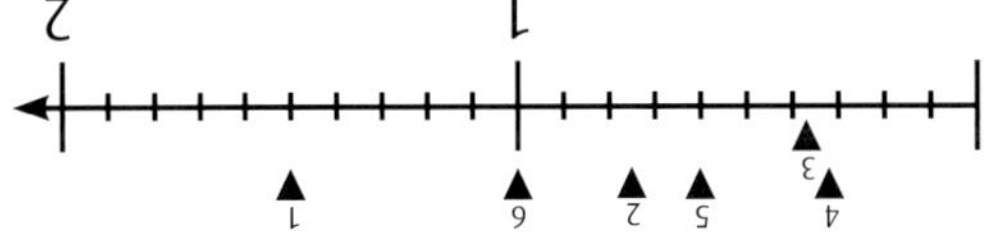

6.

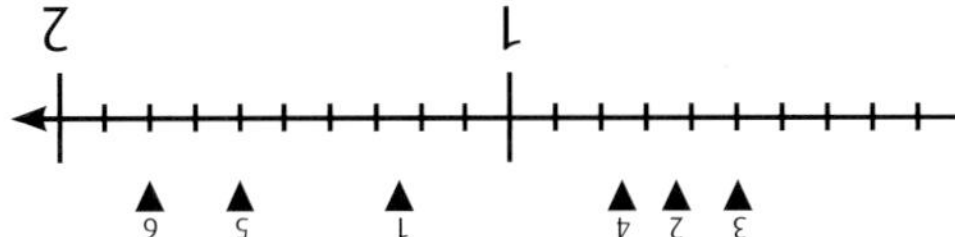

3.

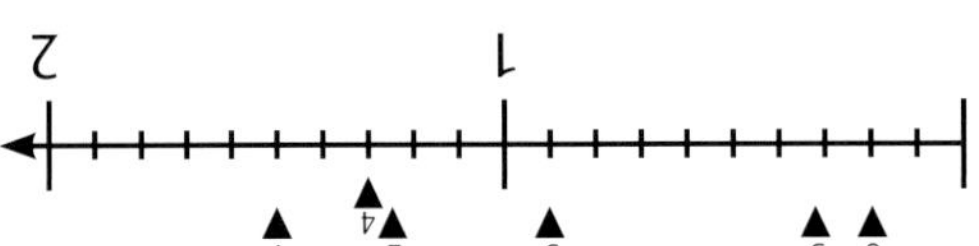

4.

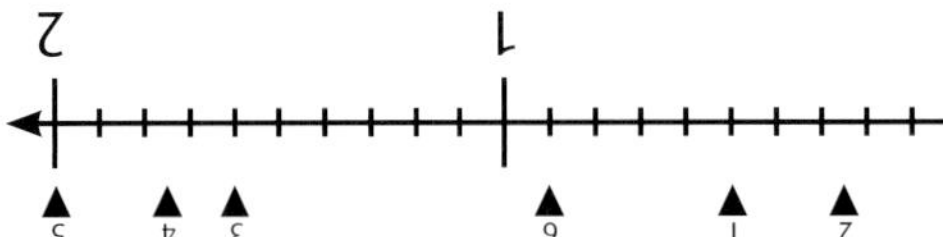

1.

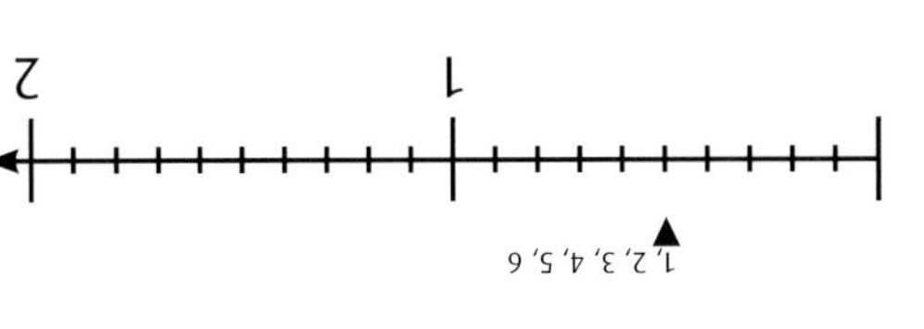

2.

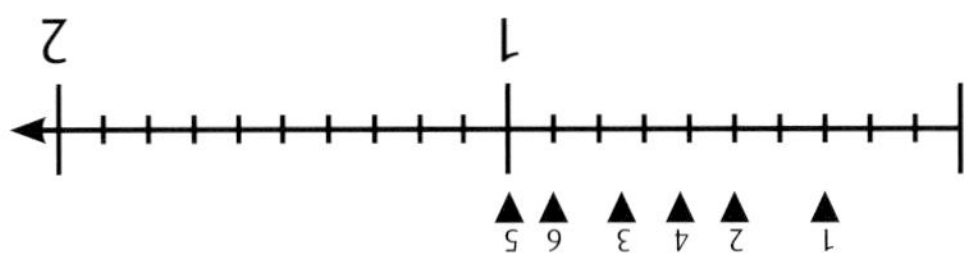

Große Wäsche: Brüche vergleichen und der Größe nach ordnen (1/2)

Mit den Wäschestücken auf der Leine bringst du auch die Brüche in die richtige Reihenfolge.

1. Gestalte die Vorlagen farbig.
2. Schneide die Vorlage für die Waschmaschine entlang der Schneidelinien aus.
3. Falte zuerst die drei kleinen und dann die große Lasche mit der Vorderansicht der Waschmaschine nach hinten. Klebe anschließend die entstandene Tasche an der Klebefläche in dein Lapbook.
4. Nimm eine 40 cm lange Schnur und klebe sie an beiden Enden waagerecht in dein Lapbook. Achte darauf, dass die Schnur nicht zu straff gespannt ist.
5. Schneide die Wäschestücke mit den Brüchen aus.
6. Gestalte sie ebenfalls farbig.
7. Falte die Laschen an den Wäschestücken nach hinten.
8. Hänge nun die Wäschestücke in der richtigen Reihenfolge auf die Wäscheleine. Ordne dabei die Brüche der Größe nach: Beginne ganz links mit dem kleinsten Bruch.
9. Bewahre die Wäschestücke in der Waschmaschine auf.

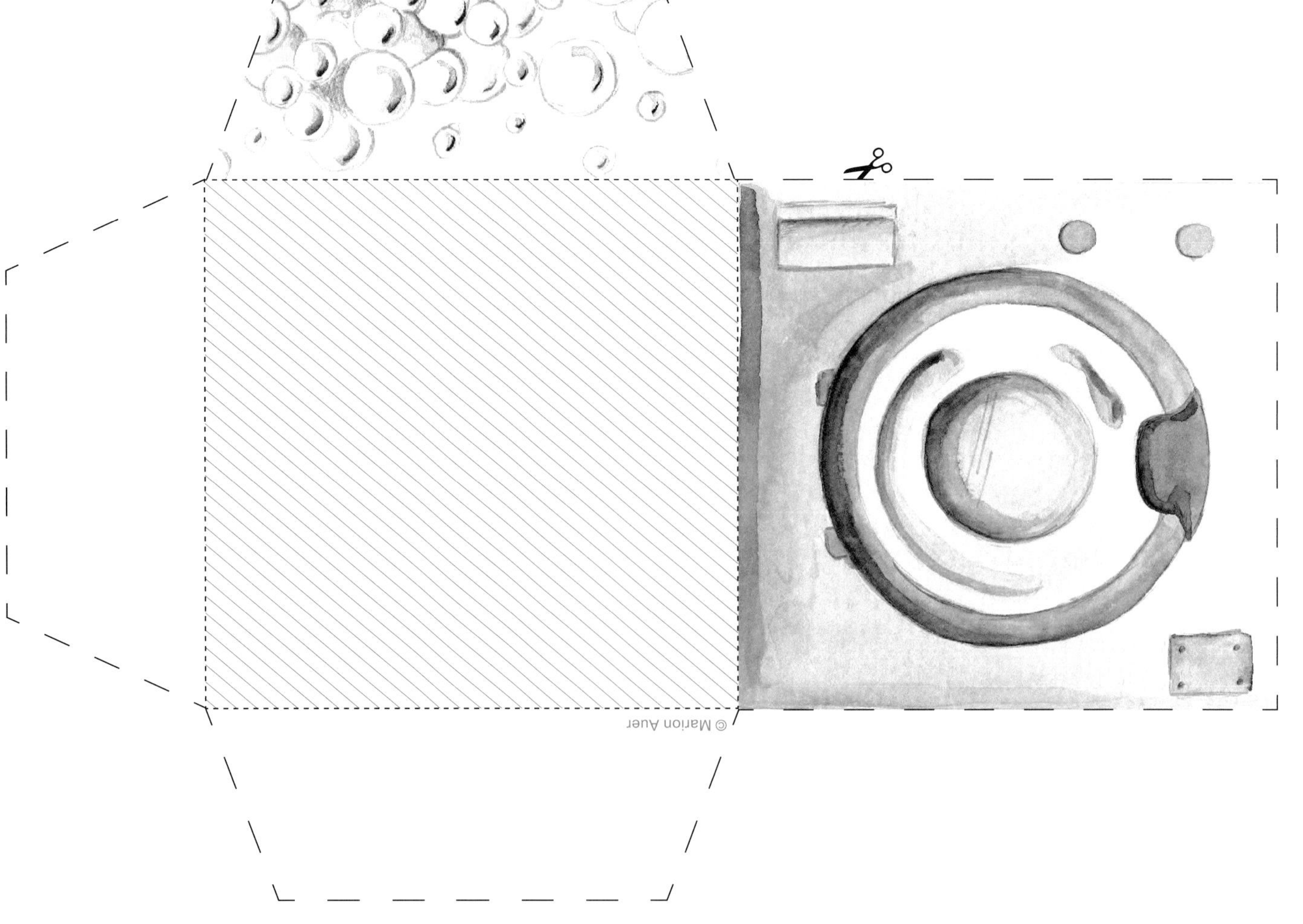

Große Wäsche: Brüche vergleichen und der Größe nach ordnen (2/2)

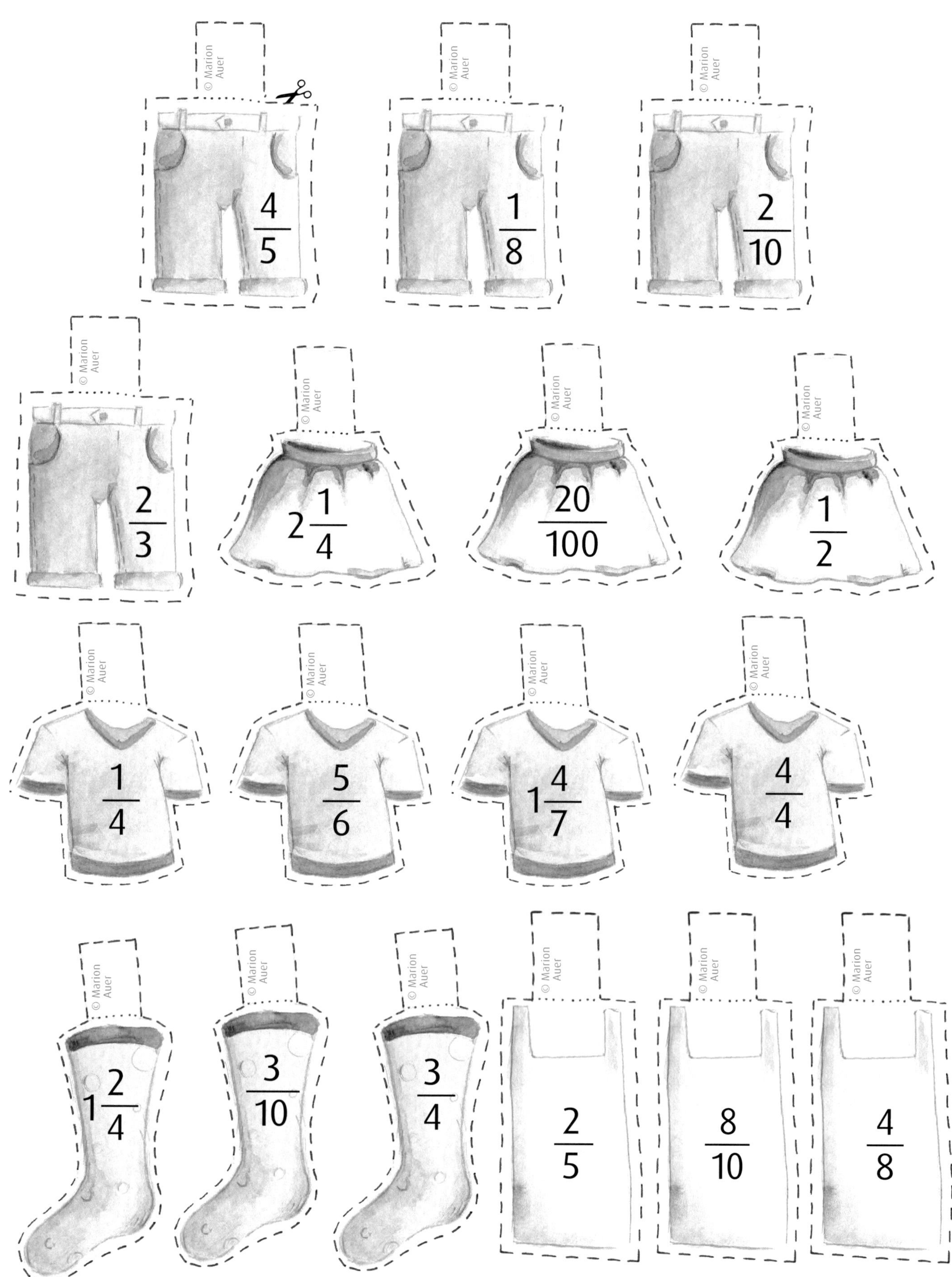

Windrad: Bruchrechnen mit Einheiten

Längen, Gewichte, Uhrzeiten etc. lassen sich natürlich auch als Brüche darstellen. Wie das mit verschiedenen Einheiten funktioniert, kannst du mit dem Windrad üben.

1. Gestalte die Windradblätter farbig.
2. Schneide alle Windradblätter entlang der Schneidelinien aus.
3. Durchbohre mit einem spitzen Bleistift alle Markierungen X.
4. Befestige alle Windradblätter mit einer Musterbeutelklammer in deinem Lapbook.
5. Löse die Aufgaben und schreibe die richtigen Lösungen dazu. Vergleiche zunächst mit den Lösungsangaben. **Achtung:** Es gibt mehr Lösungen als Rechnungen.
6. Baue weitere Windräder mit eigenen Aufgaben. Zeichne dazu das leere Windradblatt mehrfach auf Papier auf und verfahre wie beim ersten Windrad.

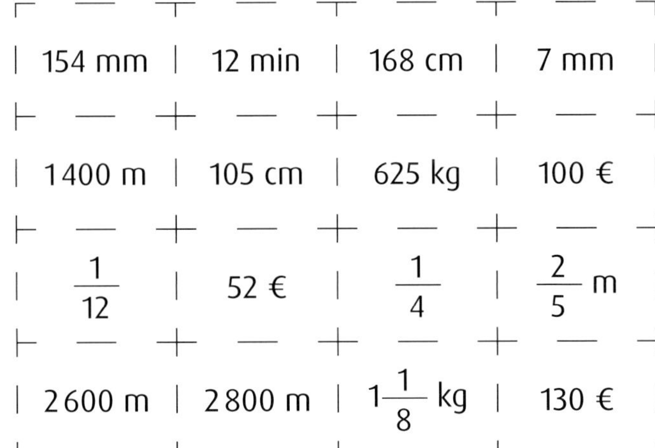

154 mm	12 min	168 cm	7 mm
1400 m	105 cm	625 kg	100 €
$\frac{1}{12}$	52 €	$\frac{1}{4}$	$\frac{2}{5}$ m
2600 m	2800 m	$1\frac{1}{8}$ kg	130 €

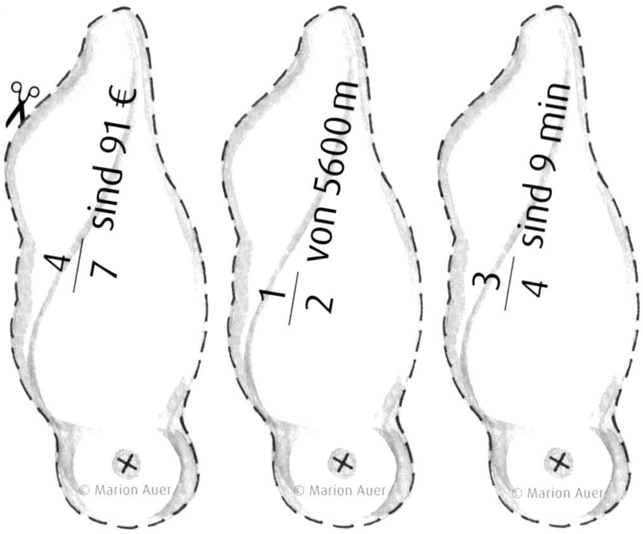

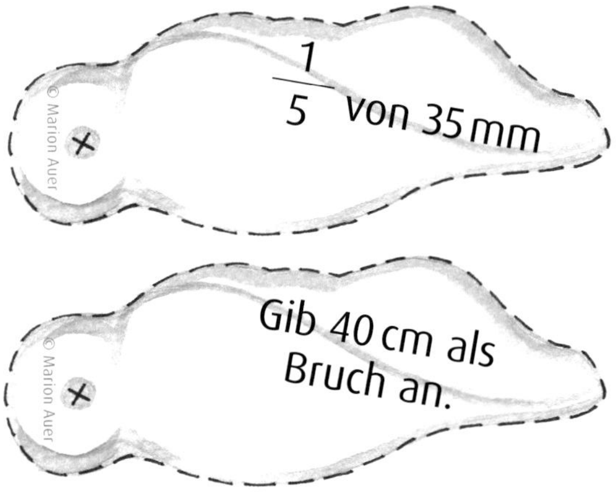

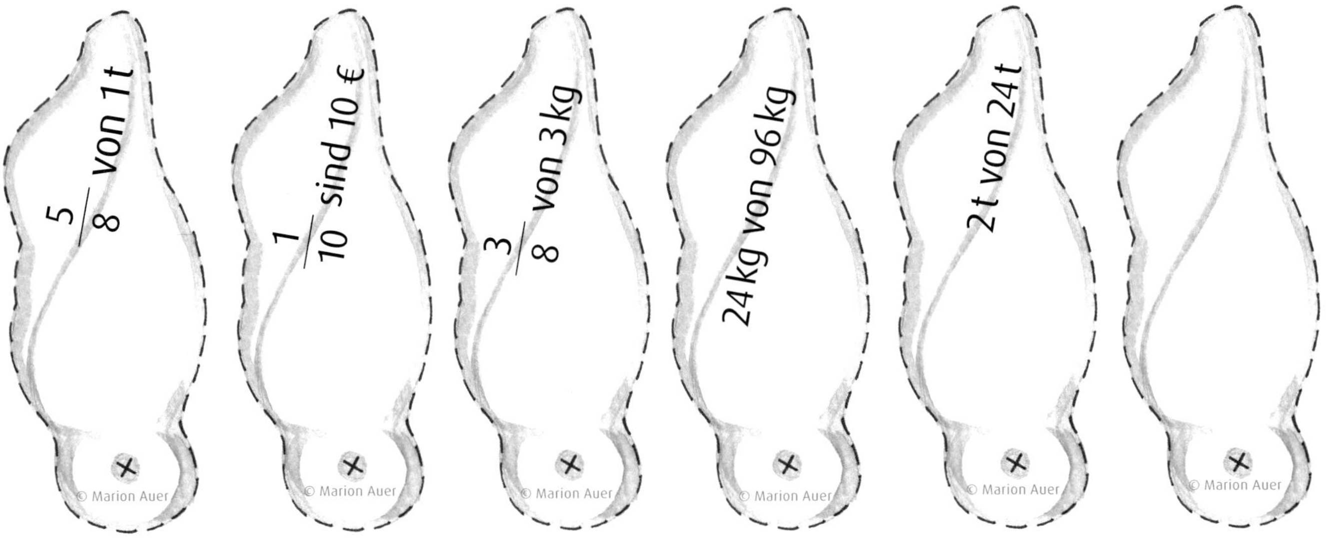

$\frac{4}{7}$ sind 91 €
$\frac{1}{2}$ von 5600 m
$\frac{3}{4}$ sind 9 min
© Marion Auer
© Marion Auer
© Marion Auer

$\frac{1}{5}$ von 35 mm
Gib 40 cm als Bruch an.
© Marion Auer
© Marion Auer

$\frac{5}{8}$ von 1 t
$\frac{1}{10}$ sind 10 €
$\frac{3}{8}$ von 3 kg
24 kg von 96 kg
2 t von 24 t
© Marion Auer
© Marion Auer
© Marion Auer
© Marion Auer
© Marion Auer
© Marion Auer

Schmetterlinge: Doppelbrüche berechnen (1/2)

Oberhalb des Bruchstrichs ein Bruch, unterhalb des Bruchstrichs ein Bruch. Ein Doppelbruch sieht kompliziert aus. In den Flügeln der Schmetterlinge findest du Doppelbrüche. Berechne sie.

1. Gestalte die Schmetterlinge und die Blumen farbig.
2. Schneide die Schmetterlinge und die Lösungsblumen entlang der Schneidelinien aus.
3. Berechne die Doppelbrüche auf den Schmetterlingen, kürze so weit wie möglich und finde die jeweils passenden Lösungsblumen. **Achtung:** Es gibt mehr Blumen als Schmetterlinge!
4. Verbinde die Schmetterlinge mit den passenden Lösungsblüten (achte darauf, dass du die Lösungen nicht überklebst).
5. Klebe die Schmetterlinge mit den Blumen in die freien Zwischenräume in deinem Lapbook.

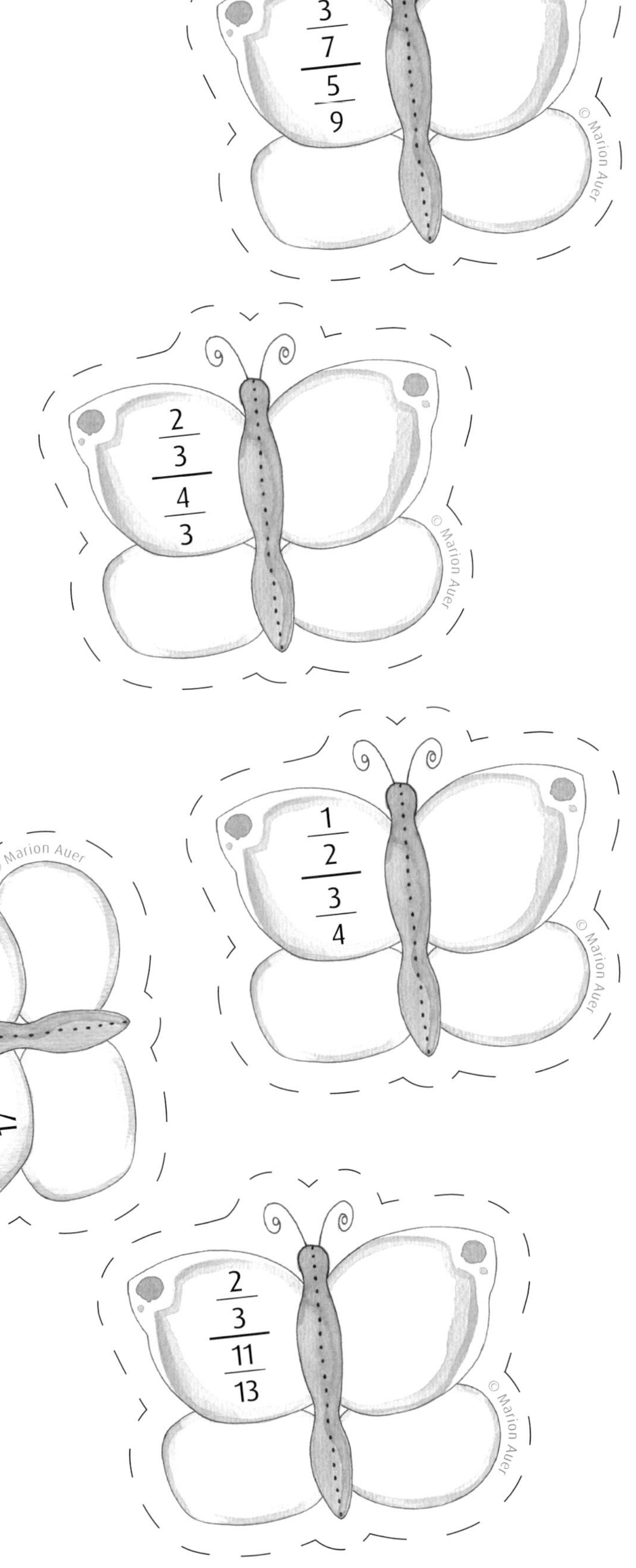

Schmetterlinge: Doppelbrüche berechnen (2/2)

Geheime Schriftrollen: Bruch-Knobelaufgaben für Expertinnen und Experten (1/2)

Kannst du die Knobelaufgaben enträtseln?

Auf den leeren Schriftrollen kannst du eigene Knobelaufgaben notieren und mit einem Partner oder einer Partnerin tauschen.

1. Schneide alle Schriftrollen entlang der Schneidelinien aus.
2. Lege alle Schriftrollen übereinander. Achte dabei auf die Seitenzahlen.
3. Hefte das Päckchen mit den Schriftrollen mit zwei Heftklammern an deinem Lapbook fest.
4. Schneide den Zettel mit den Lösungen aus. Klebe ihn auf die Rückseite der letzten Schriftrolle.
5. Löse alle Aufgaben.
6. Kontrolliere die Lösungen anhand des Lösungszettels.

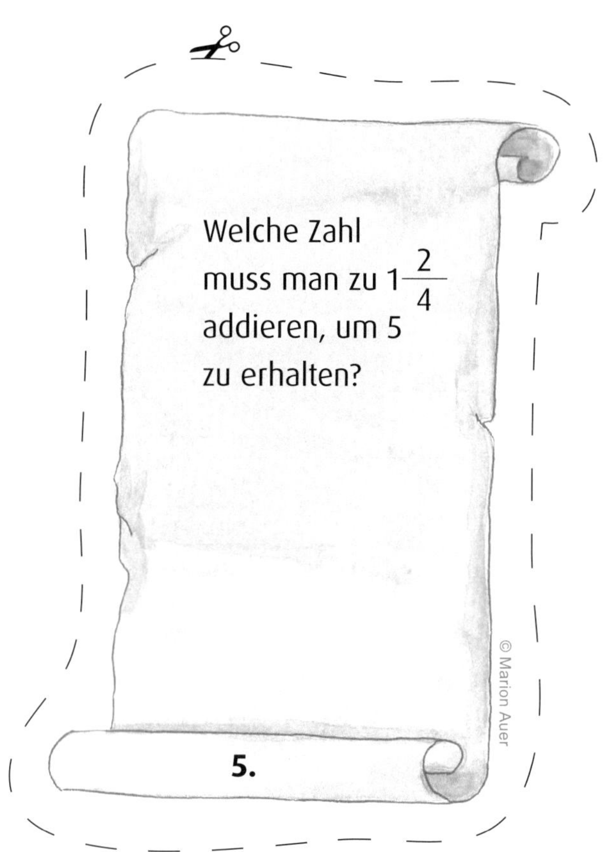

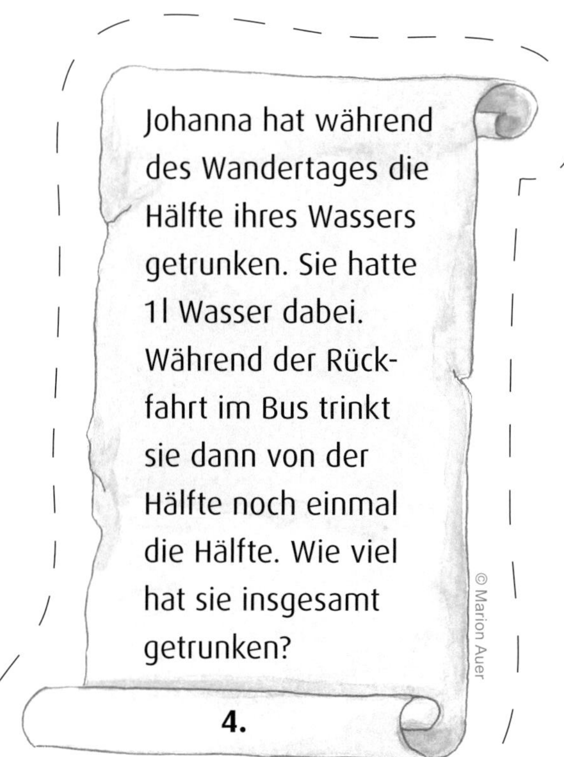

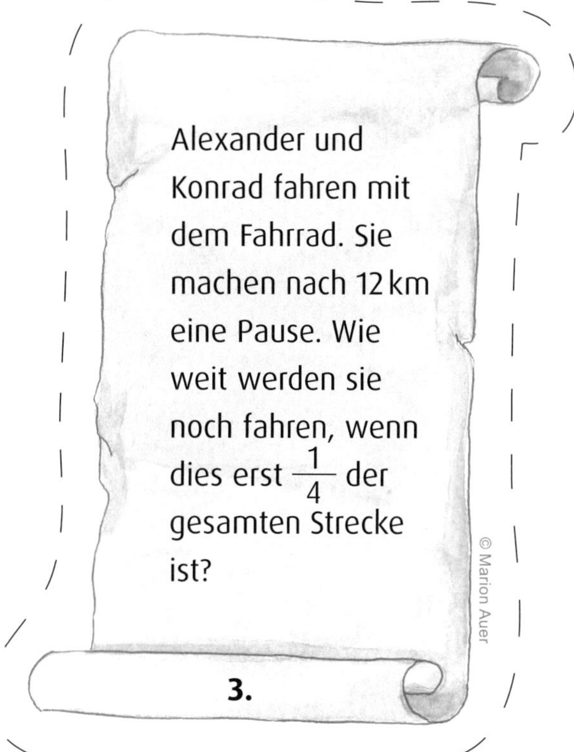

Geheime Schriftrollen: Bruch-Knobelaufgaben für Expertinnen und Experten (2/2)

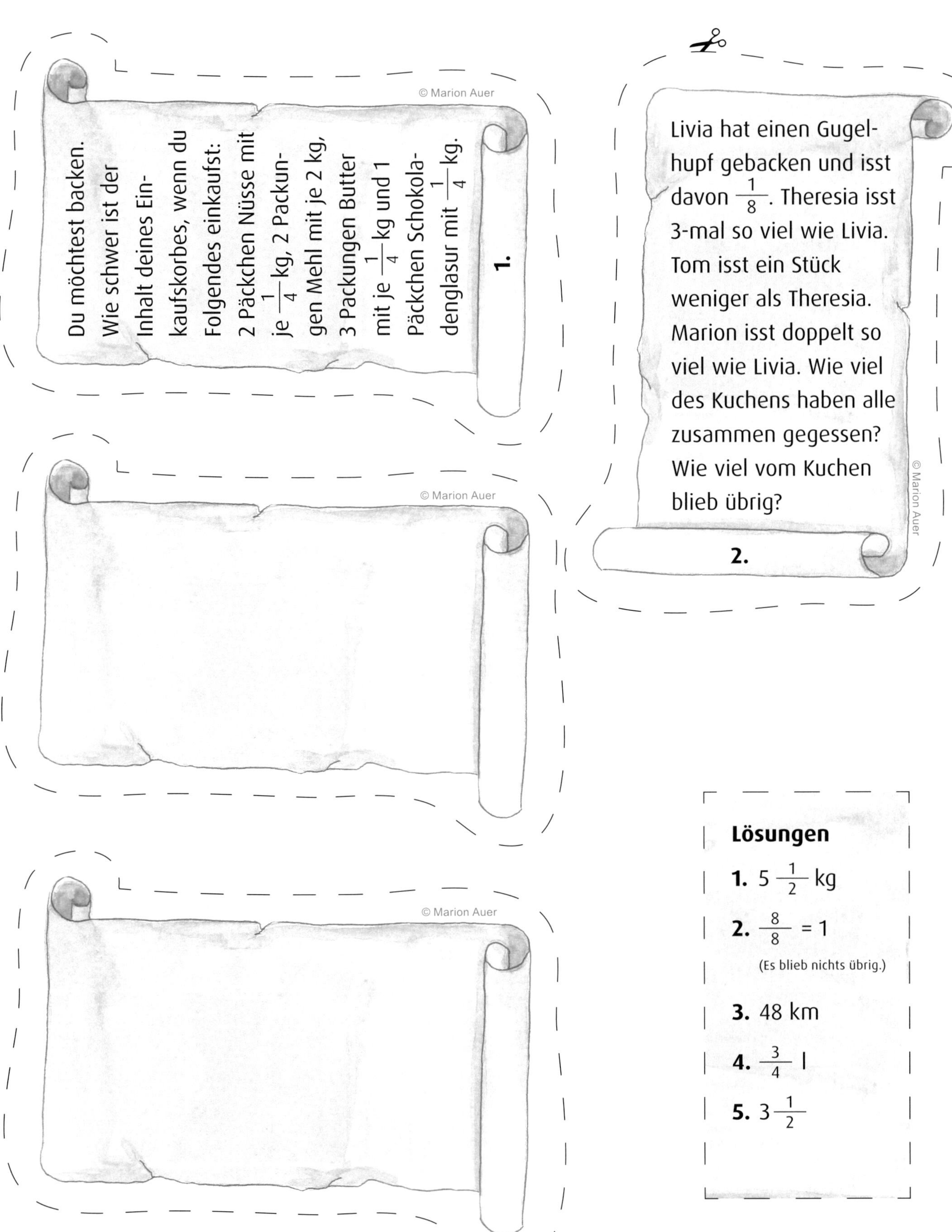

Wörterbuch-Recherche: Sprache und Brüche

Wolkenbruch, Bruchlandung und Bruchpilot. Die deutsche Sprache kennt viele Begriffe rund um den Bruch. Wer findet die meisten davon?

1. Gestalte die Vorlage farbig, aber so, dass man sie noch beschriften kann
2. Schneide die Vorlage entlang der Schneidelinien aus.
3. Schneide die Sonnenstrahlen an den Schneidelinien ein, sodass zehn Klappen entstehen.
4. Klebe die Vorlage an der Klebefläche in dein Lapbook.
5. Falte nun alle Klappen in die Mitte.
6. Schreibe in die Mitte der Sonne das Wort „Bruch".
7. Überlege nun, wo in der deutschen Sprache das Wort vorkommt, und schreibe die gefundenen Begriffe auf die Sonnenstrahlen.

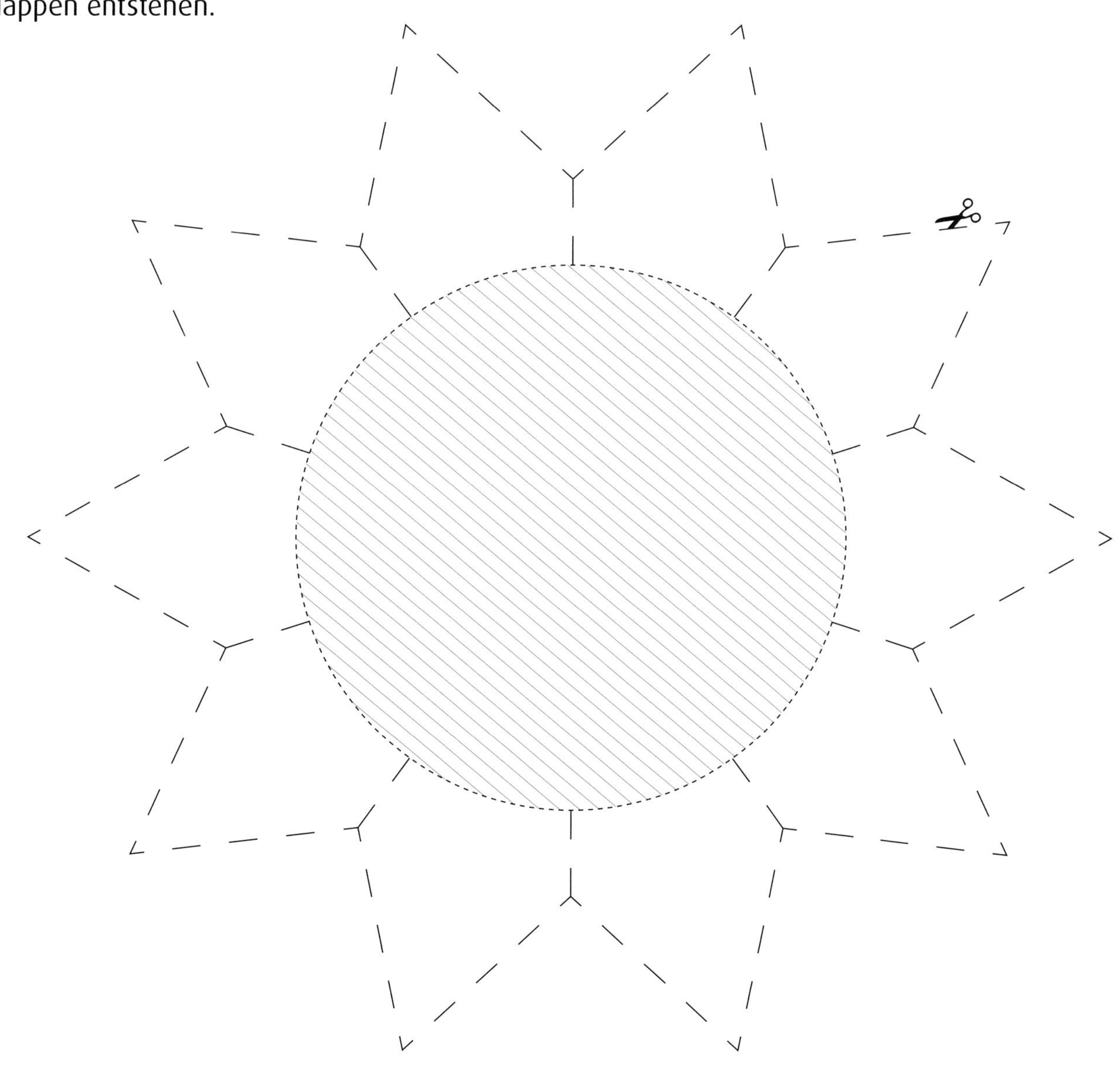

Brüche-Sprüche-Memo: Sprachspielereien und Brüche im Alltag (1/3)

Mit dem Brüche-Sprüche-Memo kannst du dich nach dem Bruchrechnen entspannen. Probiere es mit einem Partner oder einer Partnerin aus und finde Bruchzahlen im Alltag.

1. Schneide ein etwa 20 x 20 cm großes Quadrat aus Papier aus.
2. Falte nun das Quadrat, wie in der Faltanleitung unten gezeigt, zu einem kleinen Umschlag.
3. Klebe den Umschlag an der Rückseite in dein Lapbook.
4. Gestalte die Spiel-Vorlage bunt.
5. Schneide alle 20 Kärtchen entlang der Schneidelinien aus.
6. Finde selbst noch ein Brüche-Sprüche-Paar und nutze die leere Vorlagen dafür.
7. Spiele das Spiel mit einem Partner oder einer Partnerin: Mische die Kärtchen gut durch und lege sie verdeckt auf den Tisch. Ziehe ein Kärtchen und beschreibe, was darauf zu sehen ist, oder lies vor, was darauf steht, und suche das passende Gegenkärtchen.
   Achtung: Einige Ausdrücke musst du mündlich etwas umwandeln.
8. Sucht abwechselnd alle richtigen Brüche-Sprüche-Paare.
9. Verstaue die Kärtchen nach dem Spiel in dem Umschlag.

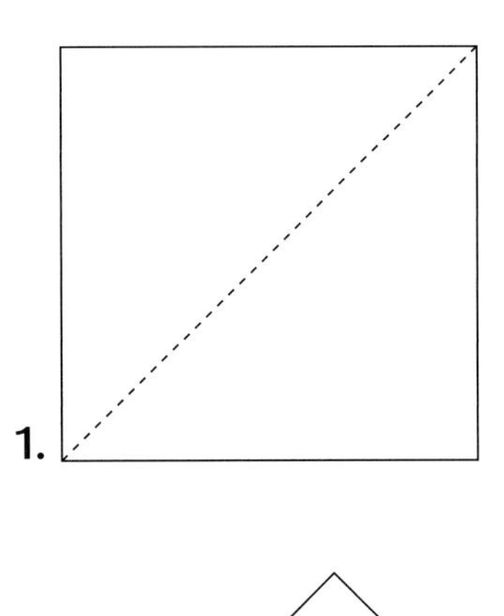

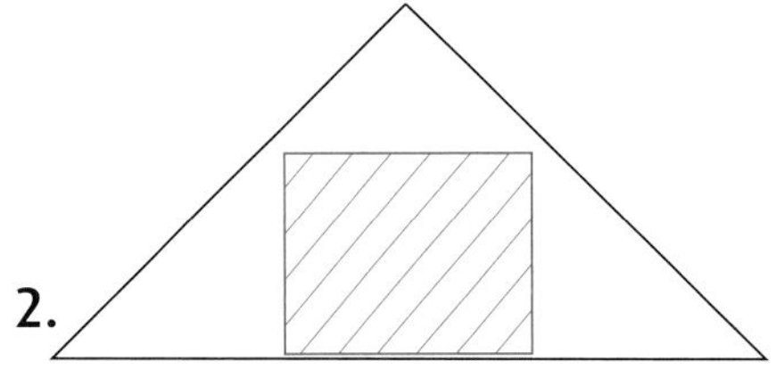

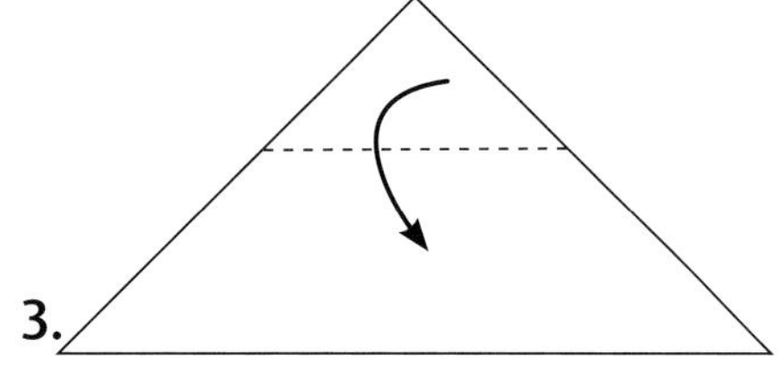

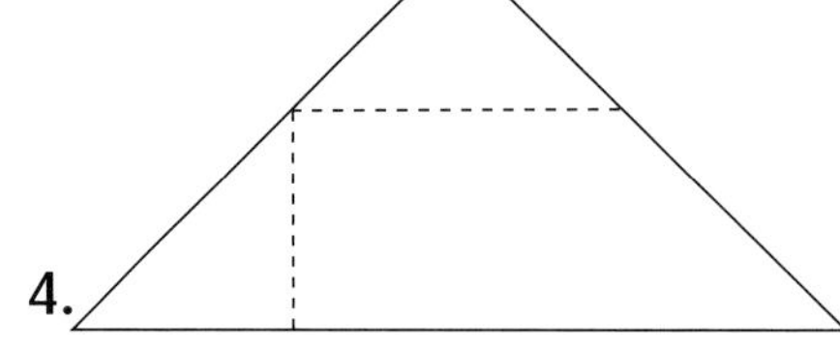

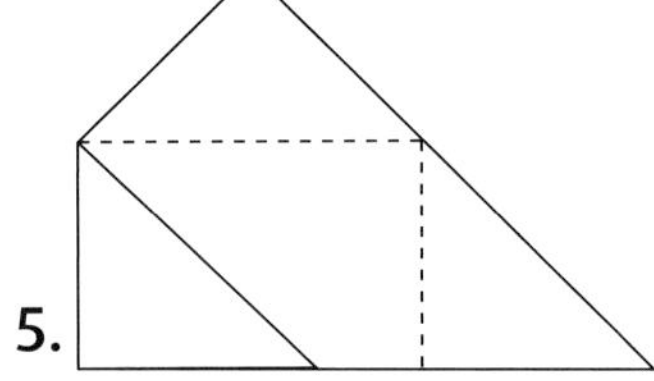

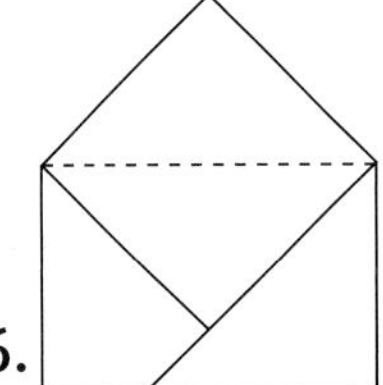

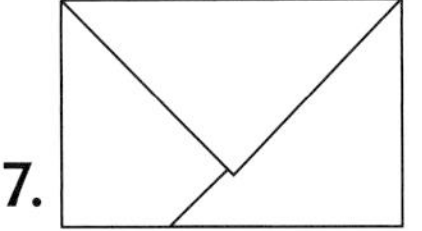

Brüche-Sprüche-Memo: Sprachspielereien und Brüche im Alltag (2/3)

Brüche-Sprüche-Memo: Sprachspielereien und Brüche im Alltag (3/3)

Beim Heimwerken braucht man häufig einen Sp-$\frac{1}{8}$.	Im Sommer sieht man häufig $\frac{7}{8}$-Hosen.	Bei $\frac{1}{2}$-Mond sieht man die Hälfte des Mondes.
Ein W-$\frac{1}{8}$-Ei wiegt nur 10g.	Zu 11:45 Uhr sagt man in Bayern $\frac{3}{4}$ zwölf.	Er ist der Sohn des Zeus und $\frac{1}{2}$-Gott.
Der Wiener Walzer wird im $\frac{3}{4}$-Takt gespielt.	Im Musikunterricht lernt man viel über die $\frac{1}{4}$-Note.	Die $\frac{1}{2}$-Fettmargarine steht neben der Butter.
In Theresias Wohn-$\frac{1}{4}$ steht ein Hochhaus.		

Lesegeschichte: Ein Tag mit Hanna (1/3)

Hier geht es weiter mit Brüchen im Alltag. In der Geschichte findest du einige Situationen, in denen Hanna Brüche begegnen.

1. Gestalte die Vorlage für die Aufbewahrungstasche farbig.
2. Schneide die Vorlage aus, falte die Klebeflächen um und klebe die Aufbewahrungstasche an den Klebeflächen in dein Lapbook.
3. Schneide die Geschichte entlang der Schneidelinien aus.
4. Lies die Geschichte genau und bearbeite die Aufgaben darunter.
5. Bewahre die Geschichte und deine Rechnungen, gefaltet in der Aufbewahrungstasche, in deinem Lapbook auf.

Fünftel
0,25
7/8
5/9
3/4
2/2
© Marion Auer

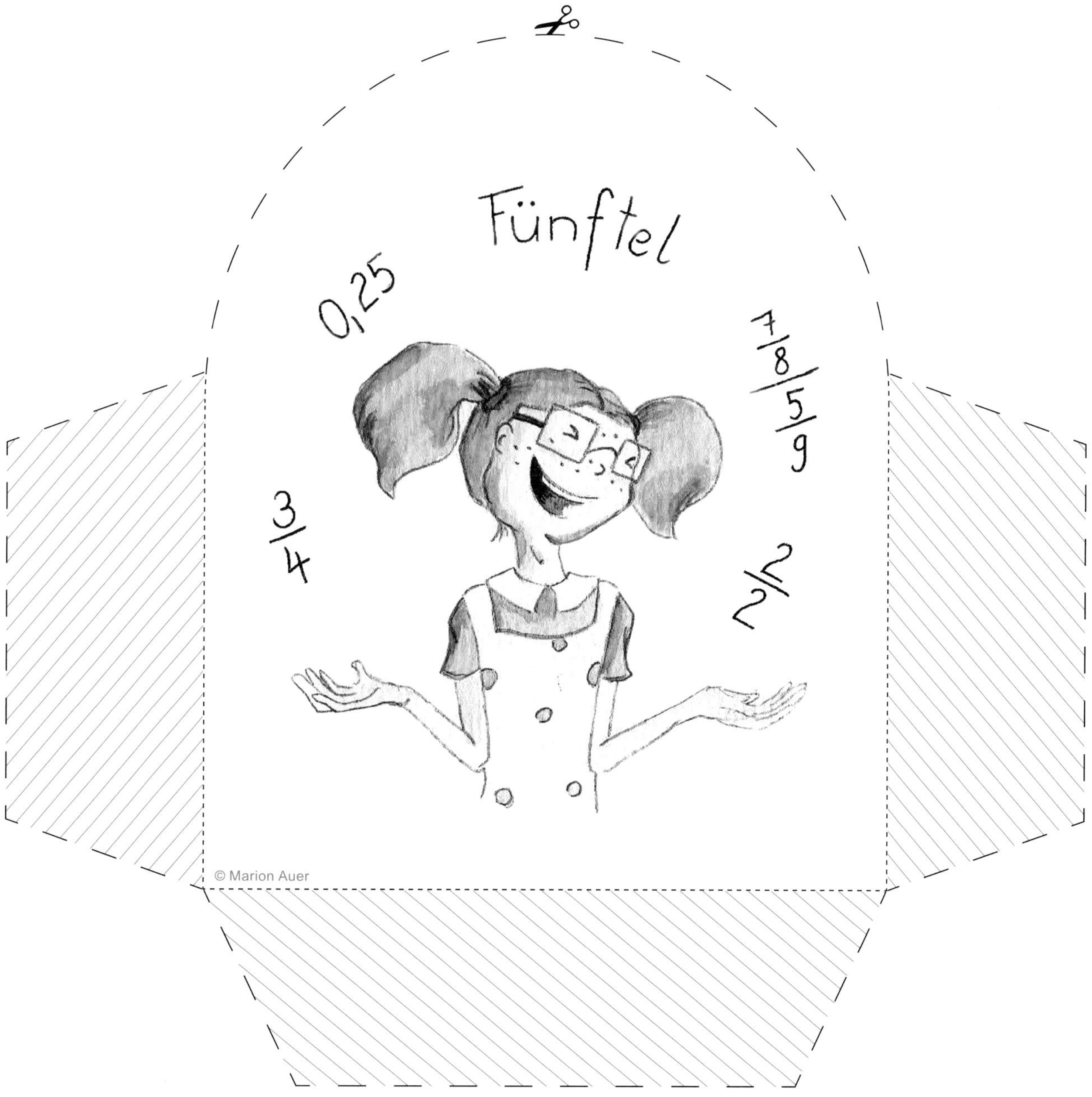

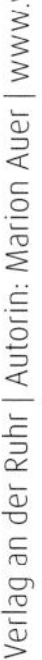

Lesegeschichte: Ein Tag mit Hanna (2/3)

Ein Tag mit Hanna

Name: ....

Morgens um halb 7 Uhr klingelt Hannas Wecker. Hanna ist 11 Jahre alt, hat blonde struppige Haare, die sie meist zu Zöpfen gebunden hat, und unzählige Sommersprossen im Gesicht. Nimmt man es ganz genau – und Hanna nimmt alles immer ganz genau – dann ist sie sogar schon 11 und $\frac{2}{3}$ Jahre alt, also so gut wie 12.

Hanna freut sich schon sehr auf ihren Geburtstag und rechnet, wie viele Monate sie noch bis dahin warten muss. Heute ist aber der Geburtstag ihres besten Freundes Paul, deshalb schiebt Hanna die Vorfreude auf den eigenen Geburtstag beiseite. Hanna springt aus dem Bett und macht sich im Badezimmer fertig.

Mit Frühstück im Bauch und dicker Jacke geht es dann zur Bushaltestelle.
Nach 7 Minuten Warten kommt der Schulbus endlich angefahren. Hanna freut sich, dass sie vom kalten Herbstwetter in den warmen Bus steigen kann. Ihr fällt sofort auf, dass Gesa und Robert nicht im Bus sind, und sie sieht sich genauer um.

Dabei fällt ihr auf, dass der Bus heute generell recht leer ist. „Hmmm ... 16 Sitze sind leer", grübelt sie, „Normalerweise sind sonst immer alle 24 Sitzplätze besetzt. Vielleicht sind alle krank", denkt sich Hanna und setzt sich hin.

In der Schule angekommen, wirft Hanna einen prüfenden Blick auf den Stundenplan. Es wird ein anstrengender Tag. Es stehen 2 Stunden Sport, 1 Stunde Erdkunde, 1 Stunde Mathematik, 1 Stunde Deutsch und 1 Stunde Musik auf dem Stundenplan. Nach $\frac{5}{6}$ der Unterrichtsstunden knurrt Hanna der Magen, aber bis zum Mittagessen muss sie noch ein bisschen warten.

Trotz des Hungers konzentriert sich Hanna weiter auf den Unterricht. Als die Schulklingel läutet, packt sie jedoch schnell ihre Schulsachen zusammen und rennt zur Haltestelle. Sie muss noch unbedingt schnell zu Mittag essen und das Geschenk einpacken, bevor es dann zu Pauls Geburtstagsparty geht.

Als der Bus ankommt, steigen wieder ungewohnt wenige Kinder ein.
Von den 24 Sitzplätzen werden gerade mal 12 besetzt. Ela und Maja, die am Morgen noch mit im Bus saßen, haben ja noch Chor-AG. Und Erik und Jan, die heute Morgen auch noch im Bus waren, sind noch beim Fußballtraining.

Der Busfahrer bringt den Bus ins Rollen und fährt los. Nach ungefähr 6 km, also $\frac{2}{5}$ der gesamten Wegstrecke klingelt Hannas Handy. Es ist Robert und Hannas Verdacht bestätigt sich. Hanna hört ihren Freund husten: „Hi, Hanna. Ich kann die restliche Woche nicht in die Schule kommen. Hab mir eine dicke Erkältung eingefangen. Könntest du mir nachher die Hausaufgaben vorbeibringen?"

„Klar", sagt Hanna und wünscht Robert gute Besserung. Sie nimmt sich vor, später Gesa anzurufen und zu fragen, warum sie nicht in der Schule war.

Lesegeschichte: Ein Tag mit Hanna (3/3)

Name: ....

Zu Hause angekommen, freut sich Hanna schon auf das Mittagessen, denn ihr Magen gibt inzwischen gar keine Ruhe mehr.
Nach dem Mittagessen erledigt sie schnell ihre Hausaufgaben und packt das Geschenk für Paul ein. Sie hat es zusammen mit ihren Freunden besorgt. Es ist ein Büchergutschein über 50 €, denn Paul ist ein echter Bücherwurm. Hanna und jeder ihrer 4 Freunde haben dazu den gleichen Geldbetrag beigesteuert und Hanna hat sich bereit erklärt, den Gutschein noch nett zu verpacken, damit er nicht ganz so langweilig aussieht.

Hanna wühlt in der Schublade mit dem Geschenkpapier und den Schleifenbändern und findet auf einer Rolle noch einen 50-cm-Streifen passendes Geschenkpapier. 3 m waren es wohl mal ursprünglich. Geschenkpapier wird Hanna auf die nächste Einkaufsliste schreiben müssen, denn in der Schublade liegen nur noch Reste.

Mit dem nett verpackten Gutschein im Rucksack fährt Hanna mit ihrem Rad zu Pauls Haus. 5 der 12 Gäste sind schon da, als Hanna eintrifft: Johanna, Sebastian, Theresia, Thomas und Insa. Die weiteren 6 Gäste trudeln nach und nach ein.

Nachdem Paul seine Geschenke ausgepackt hat, darf er die Geburtstagstorte anschneiden. Auf der Schokoladentorte brennen 12 Kerzen. Paul atmet tief ein und pustet die Kerzen aus. Zumindest versucht er es, denn $\frac{1}{6}$ der Kerzen behalten ihre Flamme. Beim zweiten Versuch klappt es dann endlich. Paul schneidet die Torte in 16 gleich große Stücke und legt jedem Gast ein Stück auf den Teller.
Hanna hat zwar zu Mittag gegessen, doch offenbar nicht genug, denn ihr Magen meldet sich plötzlich lautstark wieder. Sie überlegt insgeheim, ob sie gleich vielleicht noch ein zweites Stück Torte bekommen kann.

Mit reichlich Kuchen im Bauch und etwas müde radelt Hanna schließlich um 18.30 Uhr nach Hause. Doch nach $\frac{2}{3}$ der Strecke hat sie plötzlich einen Platten und muss ihr Fahrrad schieben. Es bleibt ihr noch 1 km. Hanna nimmt es gelassen und ruft Gesa an. Mit ihr wollte sie heute ohnehin noch telefonieren.

- **Lies den Text genau und finde darin möglichst viele Bruchaufgaben. Markiere die Stellen im Text, die Bruchaufgaben enthalten, und nummeriere sie durch.**
- **Schreibe die Bruchaufgaben unter den jeweiligen Nummern auf ein Blatt Papier und löse sie.**
- **Vergleiche die Ergebnisse mit einem Partner oder einer Partnerin.**

Medientipps

Barth, Katrin; Müller, Sabine:
**Mathe aktiv und anschaulich vermitteln:
Neue Zugänge zu allen Lehrplanthemen
in der Sekundarstufe I**
ISBN 978-3-8346-2400-0
Verlag an der Ruhr: Mülheim an der Ruhr, 2013

Etzold, Heiko; Petzschler, Ines:
Spiele zur Unterrichtsgestaltung: Mathematik
ISBN 978-3-8346-0804-8
Verlag an der Ruhr: Mülheim an der Ruhr, 2011

Fecke, Konrad; Thomann, Jürgen:
EinFach Mathe: Bruchrechnung: Jahrgangsstufe 6
ISBN 978-3-1403-7304-3
Schöningh Verlag im Westermann Schulbuch: Paderborn, 2001

Hauschka, Adolf; Bayerl, Linda:
**Bruchrechnen ab 6. Klasse
Gemischte Textaufgaben und Sachaufgaben**
ISBN 978-3-8810-0024-6
Hauschka Verlag: Puchheim, 2017

Schmidt; Hans-J.:
**Stationenlernen Bruchrechnung:
Kopiervorlagen zum Einsatz im 5.–7. Schuljahr**
ISBN 978-3-9604-0152-0
KOHL VERLAG: 50170 Kerpen-Buir, 2017